BEWUSSTSEIN FÜR CYBERSICHERHEIT

*„Amateure hacken Systeme,
Profis hacken Menschen"*

Bruce Schneier

BEWUSSTSEIN FÜR CYBERSICHERHEIT

Faktor Mensch im Mittelpunkt

MICHAEL MULLINS

Copyright-Vermerk

Bewusstsein für Cybersicherheit – Faktor Mensch im Mittelpunkt

Autor: Michael Mullins

Herausgegeben von: Amazon KDP

Copyright © 2022 Michael Mullins

ISBN: 9798850541231

1. Auflage (Deutsch)

Widmung

Dieses Buch ist den Menschen gewidmet,
die mir geholfen haben, alles zu lernen,
was ich über Elektronik, Computer,
Wirtschaft und Leben weiß.

Rechtlicher Hinweis

Der Autor dieses Buches hat sich nach besten Kräften bemüht, die darin enthaltenen Informationen zu erstellen, aber weder der Autor noch der Herausgeber erheben einen Anspruch auf oder geben eine Garantie für die Richtigkeit, Vollständigkeit oder Anwendbarkeit der in diesem Buch enthaltenen Informationen.

Der Autor und der Herausgeber lehnen zudem jegliche Verantwortung für Verluste oder Schäden jeglicher Art ab, die durch das Lesen von Informationen in diesem Buch entstehen könnten.

Alle Hyperlinks in diesem Buch dienen lediglich der Information. Für die Richtigkeit der über verlinkte Webseiten Dritter verfügbaren Informationen oder deren Eignung für einen bestimmten Zweck wird keine Verantwortung oder Garantie übernommen.

Inhaltsverzeichnis

Vorwort... *i*

Über den Autor... *v*

Vorwort des Autors.. *vii*

Einleitung... *1*

Was ist Cybersicherheit?..................................... *5*

Warum ist Cybersicherheit wichtig?..................... *11*

Bedrohungen & Schwachstellen........................... *21*

Messaging & Surfen im Internet.......................... *27*

Remote-Arbeit.. *37*

Sichere Konfiguration & Zugriffsverwaltung......... *45*

So verhindern Sie Cyberangriffe......................... *55*

Was ist, wenn Sie Opfer eines Cyberangriffs werden?........... *67*

Cyber Essentials-Zertifizierung im UK................. *73*

Private Fälle von Cyberkriminalität melden.......... *83*

Kritische Infrastrukturen.................................... *87*

Zusammenfassung... *89*

Ressourcen... *91*

Referenzen... *105*

Vorwort

Von Brigadegeneral Jaak Tarien, a. D.
und Professorin Donna O'Shea

Brigadegeneral Jaak Tarien

Cybersicherheit wurde lange Zeit zu sehr mystifiziert. Heutzutage ist fast jeder mit dem Internet verbunden und damit anfällig für Cyberbedrohungen.

Cyberkriminelle nutzen unvorsichtige Internetnutzer aus, um Geld und wertvolle Daten zu erpressen. Nationalstaatlich unterstützte APT-Gruppen (Advanced Persistent Threat) nutzen ahnungslose Mitarbeitende aus, um sich Zugang zu Wirtschaftsorganisationen oder Regierungsbehörden zu verschaffen, sensible Daten zu stehlen und ihre politischen Agenden voranzutreiben.

Doch viel zu viele Internetnutzer haben es einfach aufgegeben, sich und ihre Organisationen zu schützen. Cybersicherheit scheint oft zu komplex, zu weit außerhalb der Reichweite und des Verständnisses des durchschnittlichen Nutzers zu liegen.

In Estland wurden viele Initiativen und Maßnahmen ergriffen, um die Cybersicherheit zu vereinfachen und die Öffentlichkeit über ihre Grundprinzipien aufzuklären.

Eine dieser Maßnahmen umfasst die Einführung des Begriffs ‚Cyber-Hygiene' – so wie Sie Ihre tägliche Grundroutine haben, um sich um Ihren Körper und Ihre Umgebung zu kümmern, sollten Sie eine Reihe von Hygienegewohnheiten für den Cyberspace haben, um das Risiko einer Ansteckung mit einem Virus zu minimieren.

Michael Mullins hat in seinem neuen Buch ‚Bewusstsein für Cybersicherheit - Faktor Mensch im Mittelpunkt' einen wichtigen Schritt zur Vereinfachung der Cybersicherheit für den Durchschnittsnutzer gemacht, sowohl auf privater als auch auf organisatorischer Ebene.

Er hat einen leicht verständlichen Leitfaden erstellt, in dem er die grundlegenden Bedrohungen und Schritte erläutert, die jeder unternehmen kann, um die Risiken zu minimieren. Sein Ziel ist es, für jeden Internetnutzer die richtigen Vorgehensweisen und das dringend benötigte Vertrauen zu schaffen, dass eine grundlegende Cyber-Hygiene, die 90 % der Bedrohungen abwehrt, einfach und für jeden durchführbar ist.

Brigadegeneral Jaak Tarien, a. D.
Ehemaliger Direktor des NATO Cooperative Cyber Defence Centre of Excellence
Vizepräsident für Vertrieb und Geschäftsentwicklung (Verteidigung), Cybernetica AS, Estland

***

Prof. Donna O'Shea

Bewusstsein für Cybersicherheit ist der Prozess der formellen Aufklärung einer Belegschaft über die verschiedenen bestehenden Bedrohungen, wie man sie erkennt und welche Schritte zu unternehmen sind, um sich selbst und das Unternehmen zu schützen.

Dieses Buch vermittelt den Lesern das Schlüsselwissen, das für eine cyberresistentere Belegschaft erforderlich ist, indem es das Bewusstsein für die wichtigsten Cybersicherheitsbedrohungen schärft, denen sie ausgesetzt sind. Es bietet eine eindeutige Erklärung, was Cybersicherheit ist und warum sie in einem Unternehmen benötigt wird.

Michael Mullins identifiziert die wichtigsten Bedrohungen und Schwachstellen, mit denen jedes Unternehmen konfrontiert ist, und bezieht dabei neueste Schlüsseltechnologien mit ein. Es befasst sich zudem mit der Herausforderung der Remote-Arbeit und den Grundlagen der Sicherung eines Netzwerks.

Prävention wird als primäres Ziel hervorgehoben, aber das Buch bietet darüber hinaus eine Anleitung, was zu tun ist, wenn Maßnahmen fehlgeschlagen sind und Sie Opfer eines Cyberangriffs werden.

Das Material ist in einem leicht verständlichen Stil angelegt, mit Kapiteln, die Übungen und Ressourcen zur Vertiefung des Wissens enthalten.

Dieses Mitarbeiterhandbuch eignet sich sehr gut für Menschen, die sich die Grundlagen für den bewussten Umgang mit Cybersicherheit aneignen und wissen möchten, was ein Unternehmen beim Aufbau eines Programms zur Sensibilisierung für Cybersicherheit beachten sollte.

Prof. Donna O'Shea
Lehrstuhl für Cybersicherheit, Technische Universität Munster, Irland
Principal Investigator, Confirm SFI Forschungszentrum für Smart Manufacturing
Vertreter des CIT-Direktors, it@cork, Irland
Vorstandsmitglied, Cyber Ireland

Über den Autor

Michael Mullins begann seine Karriere im Bereich Cybersicherheit nach seinem Abschluss an der Middlesex University in London. Davor war er als Elektroniker tätig.

Nachdem er etwa in 1997 einem ersten Hackerangriff ausgesetzt war, entdeckte er, wie wichtig es ist, Computersysteme und die mit ihnen verbundenen Benutzer kontinuierlich zu überwachen und schnell auf alles Ungewöhnliche zu reagieren.

Michael Mullins ist ein früher Anwender von PGP-Verschlüsselung, Linux und Internet-Firewalls und half bei der Sicherung von Unternehmen jeder Größe, darunter Fintech-Start-ups wie Skrill und multinationale Luxusmarken wie Burberry.

Anschließend arbeitete er mehrere Jahre bei IBM, wo er für mehrere Schweizer Banken den Aufbau der Sicherheit für die Managed-Services-Infrastruktur unterstützte. Danach war er als Sicherheitsbeauftragter für eines der bekanntesten IT-Unternehmen der Schweiz tätig.

Michael Mullins hat über die Jahre seine Verbindungen zur akademischen Welt aufrechterhalten und war externer Prüfer im Fach Informatik an einer Londoner Universität. Er hat drei Bücher geschrieben und Kurse in Cloud Computing, Linux und Sicherheit gegeben. Über 17.000 Studierende haben sich online für seine Kurse eingeschrieben.

In seiner Freizeit fährt Michael gerne Mountainbike in den Schweizer Alpen und läuft regelmäßig - von zehn Minuten auf dem Laufband bis hin zum Marathon über die olympische Distanz.

Vorwort des Autors

Ich durfte das Weitergeben von Wissen zum ersten Mal in London erleben, als ich Fächer wie Steuerungssysteme und Datenkommunikation für Ingenieure und Informatiker unterrichtete.

Damals gab es nicht allzu viele brauchbare Computerbücher in der Universitätsbibliothek, aber ich hatte das Glück, in der Nähe des Zentrums von London zu wohnen, und wenn ich mein Wissen auffrischen wollte, bevor ich einen Kurs hielt, ging ich zu Foyles oder Dillons, wo ein Enthusiast wie ich leicht den Tag damit verbringen konnte, auf dem Boden zwischen den Regalen zu sitzen und O'Reilly-Bücher zu lesen.

Jetzt, wo wir Amazon haben, gibt es ein noch größeres Angebot an Büchern, auch weil es so einfach ist, ein eBook bei Amazon selbst zu veröffentlichen. Was jedoch enttäuschend ist, ist die Tatsache, dass so viele Bücher nicht einhalten, was sie im Titel versprechen. Ihr Inhalt ist bestenfalls belanglos und schlimmstenfalls Müll.

Als ich also gebeten wurde, Ingenieuren und Entwicklern in einem Schweizer IT-Unternehmen einen Kurs zum Thema Bewusstsein für Cybersicherheit zu geben, dachte ich, dass es ein gutes Buch darüber geben müsste.

Ich war überrascht, als ich feststellte, dass dies nicht der Fall war.

Aber jetzt gibt es eines, und Sie halten es in Ihren Händen. Ich hoffe, Sie haben genauso viel Spaß beim Lesen wie ich beim Schreiben.

Einleitung

„Jeder Narr kann es wissen; es geht darum, Albert Einstein zu verstehen"

Zunächst möchte ich mich bei Ihnen bedanken, dass Sie ein Exemplar meines Buches Bewusstsein für Cybersicherheit bestellt haben.

Dieses Buch wurde mit Blick auf Mitarbeitende von Unternehmen geschrieben, eignet sich aber auch für Studierende oder alle, die Computer, Smartphones oder andere elektronische Geräte verwenden, um im Internet unterwegs zu sein. Denn heutzutage braucht fast jeder einige Anreize, um das eigene Bewusstsein für Cybersicherheit zu schärfen.

Sie wissen wahrscheinlich bereits, dass die meisten Mitarbeitenden während ihres Einführungstages auf grundlegende Maßnahmen zur Cybersicherheit hingewiesen werden und einen jährlichen Auffrischungskurs erhalten. Letztendlich geht es aber meistens nur darum, ein Kästchen anzukreuzen und die Auditoren zufrieden zu stellen. Das geht sicherlich am Thema vorbei.

Stimmt es nicht, dass bei so vielen großen, finanzstarken Organisationen, die Opfer von Ransomware-Angriffen werden, die Millionen von Euro kosten und deren Regenerierung Monate in Anspruch nimmt, der eigentliche Bedarf an Cyber-Awareness-Schulungen darin besteht, diese kostspieligen Cybersicherheitsvorfälle von vornherein zu verhindern?

OK, was werden wir also in diesem Buch behandeln?

Dieses Buch ist anders als viele, die Sie zuvor gelesen haben. Das Layout des Buches folgt einem 'Was, Warum, Wie, Was-wäre-wenn'-Modell zur Darstellung des Cybersicherheitskonzepts.

Zunächst klären wir, was genau Cybersicherheit ist. Dann schauen wir uns die Gründe an, warum jeder eine Schulung in Cybersicherheit benötigt. Dann zeigen wir Ihnen auf, wie anfällig Sie selbst für Angriffe von Hackern und Kriminellen sein können.

Als Nächstes behandeln wir die verschiedenen Schritte, die Sie unternehmen müssen, um Cyberangriffe zu verhindern, was zu tun ist und was Sie nicht tun sollten, wenn Sie jemals Opfer eines Cyberangriffs werden.

Es gibt auch ein Kapitel über die UK Cyber Essentials-Sicherheitszertifizierung.

In jedem Abschnitt finden Sie passende Übungen, die Ihnen helfen, Ihr Bewusstsein für Cybersicherheit zu stärken, während wir jedes Kapitel durchgehen.

Es gibt zwei Abschnitte, in denen erklärt wird, wie Cyberkriminalität gemeldet wird, die eine Person betrifft, und schwerwiegendere Cyberkriminalität, die kritische Dienste betrifft.

Am Ende des Buches finden Sie einige nützliche Ressourcen mit Tools, die Ihnen helfen, Ihre Cybersicherheit zu verbessern.

Die Lektüre dieses Buches und die Teilnahme an einem begleitenden Kurs zum Thema Cybersicherheit ermöglichen es Ihnen, die vielen Cybersicherheitsbedrohungen, mit denen wir alle heute konfrontiert sind, besser zu verstehen und damit umzugehen.

Was auch immer Sie aus diesem Buch lernen, Ihre wichtigste Erkenntnis sollte sein, dass eine bessere und engmaschige Schulung des Bewusstseins für Cybersicherheit dazu beitragen wird, die Anzahl kostspieliger Cybersicherheitsvorfälle, Ransomware und Finanzbetrügereien zu reduzieren, über die wir jeden Tag in den Nachrichten lesen.

OK, fangen wir also an.

Was ist Cybersicherheit?

„Cybersicherheit ist die Praxis,
digitale Vermögenswerte vor
Cyberangriffen zu schützen "

In diesem Kapitel werde ich eine kurze Einführung in die Cybersicherheit geben. Wir werden uns einige grundlegende Definitionen, einige gängige Arten von Cyberangriffen und ihre Hauptursachen ansehen.

Wie definieren wir Cybersicherheit?

„Cybersicherheit ist die Praxis, digitale Vermögenswerte vor Cyberangriffen zu schützen"

Sie fragen sich wahrscheinlich, was genau digitale Vermögenswerte sind. Zu den digitalen Vermögenswerten gehören Systeme, Software und Daten.

Zu Ihren persönlichen Systemen gehören Dinge wie Ihr Smartphone, Ihr Computer, Ihr WLAN-Router, Ihr Drucker und sogar Smart-Home-Geräte wie Überwachungskameras und Amazon Alexa. Also, alle Ihre elektronischen Geräte.

Aber bei der Arbeit oder in der Hochschule bedeuten Ihre Systeme viel mehr.

Dazu gehören alle Computer, Netzwerke oder Speichergeräte, die in der Informationstechnologie (IT) des Unternehmens verwendet werden.

Da viele Unternehmen heute Public Clouds wie AWS von Amazon nutzen, um ihre IT bereitzustellen, kann es sich bei einigen Ihrer Systeme um virtuelle Systeme in verschiedenen Amazon-Rechenzentren handeln.

Ihre Software umfasst Ihr PC- oder MAC-Betriebssystem, Programme, die auf Ihrem Computer installiert sind, Apps, die auf Ihren Mobilgeräten installiert sind, und SaaS-Apps wie Gmail, die Sie online verwenden.

Bei Ihren Daten kann es sich um private Daten wie Ihre Krankenakten, proprietäre Daten wie geistiges Eigentum oder öffentliche Daten wie Webseiten handeln.

In einem gut verwalteten Unternehmen müssen Dateneigentümer Daten kennzeichnen, um sie entsprechend ihrer Sensibilität zu klassifizieren.

Wenn wir jetzt von Daten sprechen, meinen wir normalerweise alle Ihre Informationen, die elektronisch gespeichert sind.

Denken Sie aber daran, dass Daten auch ausgedruckt oder aufgeschrieben werden können. Vergessen wir also nicht, dass Passwörter auch Daten sind.

Eine wichtige Frage, die Sie sich nun stellen müssen, ist: Wissen Sie, wo sich alle Ihre Daten befinden? Das ist wichtig, denn man kann etwas nicht schützen, wenn man nicht weiß, wo es ist.

Ihre Daten können sich auf Ihrem Smartphone, Tablet, tragbaren Laufwerken, auf USB-Sticks, in Cloud-Speichern oder sogar auf CDs oder DVDs befinden.

Wie definieren wir also einen Cyberangriff?

„Ein Cyberangriff zielt darauf ab, auf Daten zuzugreifen, sie zu ändern oder zu zerstören, Geld zu erpressen oder den Geschäftsbetrieb zu unterbrechen"

Wer ist für Ihre Cybersicherheit verantwortlich?

In einem großen Unternehmen ist jeder für die Cybersicherheit verantwortlich. Das bedeutet Unternehmensleiter, Sicherheits- und IT-Support-Teams und jede einzelne Person im Unternehmen. Aber wenn Sie ein Solopreneur oder ein Heimanwender sind, ist niemand außer Ihnen für Ihre Cybersicherheit verantwortlich.

Was sind die häufigsten Arten von Cyberangriffen?

Die drei häufigsten Arten von Cyberangriffen sind Finanzkriminalität, Datenschutzverletzungen und Ransomware. Aber manchmal werden sie kombiniert.

Das Ziel der Finanzkriminalität ist es, Geld oder Krypto-Vermögenswerte zu erhalten.

Datenschutzverletzungen werden in der Regel durchgeführt, um wertvolle private Daten oder proprietäre Daten zu stehlen, die weiterverkauft oder für andere Straftaten verwendet werden können.

Bei den häufigsten Ransomware-Angriffen werden Daten verschlüsselt, so dass sie nicht mehr nutzbar sind. Dann verlangt der Angreifer eine Lösegeldzahlung als Gegenleistung für den Entschlüsselungscode.

Welches sind die Ursachen für Cyberangriffe? Es gibt drei Hauptgründe, warum Cyberangriffe stattfinden.

Viele erfolgreiche Cyberangriffe beginnen mit einer arglistigen E-Mail. Dabei kann es sich um einen infizierten Anhang, einen Link zu einer böswilligen Website oder einen Betrug handeln, um jemanden dazu zu verleiten, ein Passwort preiszugeben oder eine Zahlung zu tätigen.

Ein weiterer Grund für Cyberangriffe ist das Versäumnis, Betriebssysteme und Softwareanwendungen regelmäßig zu aktualisieren..

Und das Versäumnis, effektive Anti-Malware-Software zu verwenden, ist eine weitere wichtige Ursache für erfolgreiche Cyberangriffe. Selbst wenn Sie Ihre Software nicht aktualisieren und einen böswilligen E-Mail-Anhang öffnen, kann eine gute Anti-Malware-Lösung Sie dennoch schützen.

Eine der besten Möglichkeiten, sich von einem Cyberangriff zu erholen, besteht darin, regelmäßige Backups extern zu speichern, z.B. in einem Cloud-Speicher. Und zumindest einige dieser Backups sollten offline sein oder gegen Löschung oder Beschädigung durch einen Angreifer gesichert sein.

Eine letzte Sache, die Sie wissen sollten, ist, dass Opfer von Cyberangriffen in nicht allzu ferner Zukunft oft wieder Opfer werden. Da Menschen Gewohnheitstiere sind, ist es unwahrscheinlich, dass sie sich ändern, wenn sie jetzt eine schlechte Cybersicherheit haben.

Übung

Hier ist eine kurze Übung, die Sie jetzt machen können.

1. Finden Sie zunächst heraus, welche Ihre wertvollsten digitalen Vermögenswerte sind.
2. Überlegen Sie dann, ob sie sicher aufbewahrt werden.
3. Und schließlich: Haben Sie ein Backup Ihrer Daten erstellt und wo befindet es sich?

Warum ist Cybersicherheit wichtig?

„Es dauert 20 Jahre, um einen Ruf aufzubauen, aber nur 5 Minuten und 1 Cybersicherheitsvorfall, um ihn zu ruinieren"

Schauen wir uns nun an, warum Cybersicherheit so wichtig ist. Nun, es gibt viele Gründe, aber schauen wir uns die vier wichtigsten an. Das sind: Compliance, Kosten, Datenschutz und nationale Sicherheit.

Schauen wir uns zunächst die Compliance an.

Häufig müssen Unternehmen und Einzelpersonen die Einhaltung von Kundenanforderungen, Gesetzen oder Vorschriften in ihrer Region nachweisen.

Wenn Ihr Kunde beispielsweise die britische Regierung ist, werden Sie nach einer Cyber Essentials Plus-Sicherheitszertifizierung gefragt.

Oder Ihr Vertriebsteam bittet Sie um eine ISO27000-Zertifizierung, um ein Verkaufsangebot zu erhalten.

Und wenn Sie oder Ihr Unternehmen personenbezogene Daten von Bürgern der Europäischen Union (EU) verarbeiten, müssen Sie die DSGVO einhalten.

Wenn Sie Kartenzahlungen abwickeln, müssen Sie den Datensicherheitsstandard der Payment Card Industry, bekannt als PCI-DSS, einhalten.

Und Versicherer wie AXA fragen, ob bestimmte Sicherheitskontrollen vorhanden sind, bevor sie Sie mit einer Cyber-Versicherung absichern.

Wie Sie sehen, gibt es viele Gründe, warum Sie oder Ihr Unternehmen Cybersicherheitsstandards einhalten sollten.

Die schlechte Nachricht ist, dass Sie früher oder später keine Geschäfte mit einigen Kunden tätigen können, wenn Ihr Unternehmen nicht konform ist. Die gute Nachricht ist jedoch, dass Sie durch das Durchlaufen des Prozesses der Erreichung und Beibehaltung von Compliance einen verbesserten Reifegrad in der Cybersicherheit Ihres Unternehmens erreichen werden.

Jetzt betrachten wir die Kosten von Cybersicherheitsvorfällen.

Die hohen Kosten von Cybersicherheitsvorfällen sind wahrscheinlich der Hauptgrund, warum Unternehmen jetzt beginnen, Cybersicherheit ernster zu nehmen. Cybersicherheitsvorfälle verursachen hohe Kosten, einige direkt und einige indirekt. Schauen wir uns jetzt einige von ihnen an.

Betrachten wir zunächst die direkten Kosten. Zu den direkten Kosten gehören die Kosten für die Beitreibung, die Kosten für die Verteidigung von Rechtsansprüchen und Bußgelder. Nur damit Sie es wissen, IT-Berater und Anwälte sind sehr teuer, besonders im Notfall.

Die Kosten für die Verhinderung eines Cyberangriffs sind viel geringer als die typischen Bereinigungskosten. So beliefen sich die anfänglichen Wiederherstellungskosten für den Cyberangriff auf den irischen HSE-Gesundheitsdienst auf fast 50 Millionen Euro, aber die endgültige Zahl wurde auf 100 Millionen Euro geschätzt.

AMCA in den USA wurden in den Jahren 2018 und 2019 die Daten von Arztrechnungen von 20 Millionen Menschen gestohlen. Nach 4 Millionen US-Dollar an IT-Beraterhonoraren, Rechtskosten und Vertragsverletzungsansprüchen beantragten sie Insolvenzschutz nach Paragraf 11.

Das Problem ist nicht auf Organisationen beschränkt. Jedes Jahr werden Tausende von älteren Menschen dazu verleitet, ihre Ersparnisse an Betrüger zu überweisen, die vorgeben, für den Microsoft-Support zu arbeiten.

Aber wie sieht es mit den indirekten Kosten aus? Zu den indirekten Kosten gehören Geschäftsverluste, Reputationsschäden und Kundenverluste.

Es ist interessant, dass in Großbritannien 44 % der befragten Verbraucher angaben, dass sie nach einer Sicherheitsverletzung die Nutzung eines Unternehmens einstellen würden, und 41 % sagten, dass sie nie wieder zurückkehren würden. In letzter Zeit wurden viele Kryptowährungsbörsen und Start-ups gehackt, was ihrem Ruf enormen Schaden zugefügt und in einigen Fällen zur Insolvenz geführt hat.

Im Jahr 2014 wurden beispielsweise rund 1,5 Millionen Bitcoins oder 7% des weltweiten Angebots der Kryptobörse Mt. Gox gestohlen.

Im Jahr 2022 war das zum Zeitpunkt der Erstellung dieses Buches ein Wert von rund 30 Milliarden US-Dollar. Und der größte Teil dieser Bitcoins gehörte normalen Bürgern, die es sich nicht leisten konnten, sie zu verlieren.

Es mag nicht offensichtlich sein, aber oft gibt es auch indirekte Folgen, die Menschen persönlich betreffen. So mussten beispielsweise wegen des Cyberangriffs auf den britischen NHS viele medizinische Routineoperationen abgesagt werden – mit zum Teil katastrophalen Folgen.

Und im Jahr 2015 bewiesen Hacker, dass sie die Lenk- und Bremssysteme eines Jeeps über ein 4G-Mobilfunknetz fernsteuern konnten.

Wie sieht es mit dem Datenschutz aus?

Edward Snowden sagte einmal:

„Das Argument, dass man sich nicht um das Recht auf Privatsphäre kümmert, weil man nichts zu verbergen hat, ist nichts anderes, als zu sagen, dass man sich nicht um die freie Meinungsäußerung kümmert, weil man nichts zu sagen hat"

Unabhängig davon, ob Sie etwas zu verbergen haben oder nicht, sammeln Ihr Smartphone und Ihr Computer viel mehr Daten über Sie und Ihr Nutzerverhalten, als Ihnen vielleicht bewusst ist. Diese Daten werden verwendet, um ein Profil von Ihnen zu erstellen, das dann von Werbeunternehmen an Regierungen und alle anderen verkauft wird, die bereit sind, dafür zu bezahlen.

Dieses Profil kann anschließend verwendet werden, um Sie gezielt anzusprechen und zu manipulieren. Das Ziel könnte sein, Sie davon zu überzeugen, etwas aus einem Impuls heraus zu kaufen oder beim Brexit-Referendum auf eine bestimmte Weise abzustimmen.

Aber es gibt eine noch dunklere Seite. Netzwerke der organisierten Kriminalität können dieselbe Technologie und dieselben Daten auch für Identitätsdiebstahl oder zur Ausbeutung Ihrer Daten verwenden.

Daher ist es wichtig sicherzustellen, dass Apps und Programme auf Ihrem Smartphone und Computer aktualisiert und für den Datenschutz konfiguriert werden und dass Sie moderne Datenschutz-Apps bei Ihrer Nutzung des Internets verwenden, die die Menge an persönlichen Informationen begrenzen, die an Werbeunternehmen weitergegeben werden.

Angesichts der vielen Datenschutzverletzungen in der Vergangenheit in Unternehmen wie Facebook und LinkedIn sollten Sie es sich zweimal überlegen, ob Sie persönliche Informationen in mobilen Apps und sozialen Netzwerken teilen.

Schauen wir uns als Nächstes die nationale Sicherheit an.

OK, vielleicht arbeiten Sie nicht für die Regierung. Warum sollten Sie sich um die nationale Sicherheit kümmern? Liegt das nicht in der Verantwortung von jemand anderem? Lassen Sie uns versuchen, diese Frage zu beantworten.

In der Vergangenheit waren Kriege kinetisch, aber heute werden elektronische Kriege im Cyberspace geführt.

Cyberkriegsführung kann eingesetzt werden, um Angst und Unruhe zu verursachen, indem Regierungswebsites verunstaltet und der Zugang zu wichtigen Dienstleistungen wie Gesundheitsversorgung und Bankwesen verweigert wird.

Im Jahr 2007, nach der Verlegung eines sowjetischen Bronzedenkmals, richteten sich Cyberangriffe gegen mehrere Websites der estnischen Regierung, Banken, Zeitungen und Rundfunkanstalten[1]. Die gleiche Art von Cyberangriff ereignete sich wieder im August 2022, aber dieses Mal war der Angriff viel stärker.

Seit 2007 hat die estnische Regierung ihre Cyberabwehr drastisch verbessert, so dass der Angriff diesmal wenig oder gar keine Auswirkungen hatte.

Die Verunstaltung von Websites ist kein Worst-Case-Szenario. Cyberangriffe können auch genutzt werden, um kritische Infrastrukturen physisch zu beschädigen.

Im Jahr 2010 wurde beispielsweise die Stuxnet-Malware verwendet, um Maschinen in einer iranischen Atomanlage zu beschädigen.[2]

Obwohl die industriellen Steuerungssysteme des Standorts nicht mit dem Internet verbunden waren, schloss jemand unachtsam ein infiziertes USB-Speichergerät an den Steuerungscomputer an, was den Angriff ermöglichte. Denken Sie darüber nach, was passieren könnte, wenn ein ähnlicher Angriff verwendet würde, um ein Atomkraftwerk in Ihrer Nähe zu zerstören.

Selbst wenn Sie nur ein Privatanwender sind, stellt die Verwendung von Best Practices für die Cybersicherheit beispielsweise sicher, dass Ihr Wi-Fi-Router weniger wahrscheinlich gekapert wird, um einen kritischen Damm oder ein Kraftwerk anzugreifen.

Übung

Hier ist eine kurze Übung, die Sie jetzt machen können.

1. Recherchieren Sie eine bedeutende Datenschutzverletzung in Ihrem Land und versuchen Sie, die Wiederherstellungskosten zu ermitteln.
2. Basierend auf dem, was wir in diesem Modul behandelt haben, warum ist Cybersicherheit jetzt wichtig für Sie?
3. Gehen Sie unter dieser URL auf die Website der Suchmaschine Shodan, https://www.shodan.io und schauen Sie, welche interessanten Geräte im Internet sichtbar sind.

Bedrohungen & Schwachstellen

„Cybersicherheit ist wie das Abschließen der Haustür. Es hält Einbrecher nicht auf, aber wenn das Schloss gut genug ist, werden sie zu einem leichteren Ziel übergehen"

Später werden wir uns einige der verschiedenen Möglichkeiten ansehen, warum Sie anfällig für Cyberangriffe sein könnten. Aber zuerst ist es wichtig zu verstehen, wie Cyberangriffe ablaufen.

Damit ein erfolgreicher Cyberangriff stattfinden kann, muss ein Angreifer (Bedrohungsakteur) eine oder mehrere Schwachstellen ausnutzen. Und wenn Sie verwundbar sind, besteht die Wahrscheinlichkeit, dass ein Angreifer Ihre Schwächen ausnutzt.

Einige Beispiele für Sicherheitslücken sind die Verwendung alter Software wie Windows 7, die Verwendung von offenem WLAN und der Verzicht auf gute Anti-Malware-Software.

Die Risikostufe Ihrer Schwachstellen, die Wahrscheinlichkeit, dass sie ausgenutzt werden, sowie alle Schutzmaßnahmen oder Risikominderungen, die Sie eingerichtet haben, wirken sich darauf aus, ob Sie ausgenutzt werden können oder nicht.

Denken Sie einmal darüber nach: Wenn Sie Ihre Haustür nachts unverschlossen lassen, sind Sie verwundbar. Es besteht die Wahrscheinlichkeit, dass ein Einbrecher Ihre Schwachstelle ausnutzt, so dass ein Einbruchsrisiko besteht. Und wenn Sie Ihre Tür abschließen, aber ein minderwertiges oder schlecht installiertes Schloss haben, ist das eine andere Art von Schwachstelle.

Im ersten Beispiel (die Tür unverschlossen zu lassen) ist es Ihr Verhalten, das Sie verwundbar macht, während im zweiten Beispiel Ihre Technologie oder die Art und Weise, wie Sie sie konfigurieren, das Problem ist. Wenn Sie in beiden Beispielen zusätzlichen Schutz hinzufügen, wie z.b. die Installation und Einstellung eines Einbruchmelders in der Nacht, wird Ihr Gesamtrisiko reduziert.

Bei der Cybersicherheit ist das nicht anders. Wenn Sie in Ihrem Verhalten nachlässig sind, werden Sie Opfer eines Cyberangriffs. Und wenn Sie minderwertige Technologie verwenden oder die Technologie nicht richtig einsetzen, wird das Gleiche passieren.

Die Verwendung zusätzlicher Sicherheitsebenen, wie z.b. das Hinzufügen einer effektiven Anti-Malware-Lösung, verringert Ihr Risikoniveau.

Andere Möglichkeiten können darin bestehen, das Risiko über eine Cyber-Versicherung an einen Dritten abzutreten, oder Sie können sich entscheiden, einige Risiken einfach zu tragen.

Die folgende Tabelle zeigt, wie sich Bedrohungen und Sicherheitsrisiken auswirken können.

Bedrohung	Schwachstelle	Risiko	Aufprall
Phishing	Kein Filtern von E-Mail-Anhängen oder Links	Kompromittierung von Benutzeranmeldeinformationen	Reputationsverlust
	Software nicht aktualisiert	Kompromittierung des Systems	Verlust von Kunden
	Keine Sensibilisierungsschulung	Verbreitung von Ransomware	Rechtsansprüche & Bußgelder
	Kein Browserschutz	Diebstahl personenbezogener Daten	Kosten der Rückgewinnung
	MFA wird nicht verwendet		

Übung

Hier ist eine kurze Übung, die Sie jetzt machen können.

1. Welche Ihrer Verhaltensweisen in den sozialen Medien machen Sie anfälliger für Hacker und Betrüger?
2. Gibt es bestimmte Websites, die Sie besuchen, oder mobile Apps, die Sie von Zeit zu Zeit verwenden, die ein Risiko für Ihre Cybersicherheit oder Privatsphäre darstellen könnten?
3. Welche Cyber-Sicherheitsbedrohungen sind Ihnen bereits bekannt? Verwenden Sie Google, um andere zu finden, an die Sie vielleicht nicht gedacht haben.

Messaging & Surfen im Internet

„Lassen Sie einen Computer niemals wissen, dass Sie es eilig haben"

In diesem Kapitel werden wir uns Schwachstellen ansehen, die durch die Verwendung von Apps für Messaging und das World Wide Web entstehen. Dazu gehören E-Mail-Apps, Instant-Messaging-Apps und Webbrowser.

Erstens können Sie Malware durch E-Mails aussetzt werden, die in Anhängen übermittelt wird, als bösartiger Hyperlink in einer Nachricht hinterlegt ist oder durch die Aufforderung, eine bestimmte Aktion auszuführen. Eine dieser Handlungen kann darin bestehen, Informationen preiszugeben, eine Zahlung zu tätigen oder eine unüberlegte Kommunikation mit dem Absender zu beginnen.

Achten Sie beim Lesen einer E-Mail immer auf drei Dinge: die Absenderadresse, die Sprache und Grammatik in der E-Mail und den Betreff der E-Mail. Hacker verschleiern oft ihre echte E-Mail-Adresse, so dass Sie glauben, eine E-Mail von jemandem zu erhalten, den Sie kennen oder dem Sie vertrauen.

Wenn Sie mit der Maus über die Absenderadresse fahren, können Sie die Absenderdomäne leicht sehen. Wenn die E-Mail vom Finanzdirektor eines großen Unternehmen stammt und die Absenderdomäne @gmail.com lautet, dann stimmt etwas nicht.

Wenn Sie feststellen, dass die Sprache und Grammatik fehlerhaft sind, besteht eine gute Chance, dass die E-Mail von einem Betrüger stammt.

Sie wissen bereits, dass E-Mail-Nachrichten entweder zu Ihrer Information dienen oder für Sie bestimmt sind, um eine Aktion auszuführen.

Wenn Sie also eine E-Mail lesen, in der es einen Call-to-Action wie ‚Rufen Sie mich an‘, ‚Antworten Sie jetzt‘, ‚Füllen Sie ein Formular aus‘ oder ‚Klicken Sie hier‘ enthält, sollten Sie hinterfragen, was Sie hier tun sollen und genau prüfen, ob die Aufforderung normal ist.

Ein Gefühl der Dringlichkeit zu vermitteln ist eine Möglichkeit, Menschen davon zu überzeugen, Maßnahmen zu ergreifen, ohne vorher nachzudenken. Wenn Ihr Geschäftsführer Sie also per E-Mail auffordert, dringend eine ungewöhnliche Zahlung zu leisten, sollten Sie zunächst bei jemand anderem nachfragen, der in der Organisation eine leitende Funktion hat.

Wenn Sie einen Anhang öffnen oder auf einen Link in einer E-Mail klicken, besteht die Gefahr, dass sich im Anhang oder auf der verlinkten Website Schadsoftware befindet. Wenn Sie also eine E-Mail mit Anhängen oder Links erhalten, überprüfen Sie, ob der Absender echt ist, und entscheiden Sie, ob es einen Grund gibt, warum Sie diesen Anhang oder Link von diesem Absender erhalten, bevor Sie ihn öffnen oder anklicken.

Es mag Sie überraschen zu lesen, dass Abmeldelinks auch zu Malware führen können.

Einige der häufigsten E-Mail-Bedrohungen sind Phishing, Finanzbetrug und Erpressung.

Beim Phishing erhalten Sie eine E-Mail, die Sie dazu bewegen soll, vertrauliche Informationen preiszugeben. Dabei kann es sich um Ihr Passwort, Ihre Kreditkartendaten oder die Wiederherstellungsphrase für Ihre Kryptowährungswallet handeln.

Spear-Phishing ist ähnlich, aber der Unterschied besteht darin, dass eine bestimmte Person aufgrund ihres hohen Wertes in einem Unternehmen ins Visier genommen wird. Zum Beispiel kann die Person, die Zahlungen in einem Unternehmen tätigt, von Spear-Phishing betroffen sein.

Wenn wir uns als Nächstes Finanzbetrüger ansehen, geht es zumeist darum, dass sie Ihnen eine traurige Geschichte über den Tod einer wohlhabenden Person erzählen und Ihnen einen Anteil an einer Erbschaft anbieten.

Und Erpressungsbetrüger können Ihnen eine gefälschte Strafanzeige von Interpol oder Europol schicken, in der Sie aufgefordert werden, eine Geldstrafe zu zahlen, oder sie behaupten, kompromittierende Fotos von Ihnen zu haben, und drohen, sie zu veröffentlichen, wenn Sie nicht zahlen. Genau wie bei E-Mails können Ihnen Sofortnachrichten mit bösartigen Links oder Nachrichten an Ihr Smartphone gesendet werden, die Sie zum Handeln manipulieren. Und weil Instant Messaging meist auf Smartphones genutzt wird, beschäftigen wir uns vor allem mit Apple- und Android-Geräten.

Wenn wir von Instant Messaging sprechen, sprechen wir über mobile Apps wie WhatsApp, Facebook Messenger und iMessage, aber auch über viele andere Messaging-Apps.

Denken Sie daran, dass einige mobile Geräte anfälliger für Malware sind, da ältere Android-Telefone nicht auf die neueste Softwareversion aktualisiert werden können. Und viele Apple-Benutzer machen sich nicht die Mühe, die Software ihres Telefons zu aktualisieren, sobald Updates verfügbar sind. Daher sind sie oft verwundbar.

Selbst wenn Sie eine SMS oder eine WhatsApp-Nachricht mit einem Link von jemandem erhalten, den Sie gut kennen, tun Sie gut daran, den Link zu ignorieren. Dies liegt daran, dass Familie und Freunde oft eine Nachricht an ihre Kontakte weiterleiten, ohne zu erkennen, dass sie mit Malware verknüpft ist. Und in einigen Fällen sendet das mit Malware infizierte Smartphone eines Freundes automatisch eine mit Malware infizierte Nachricht an alle Kontakte auf dem Telefon, einschließlich an Sie.

Oft klingen verdächtige Sofortnachrichten zu gut, um wahr zu sein. Die Nachricht könnte besagen, dass Sie einen großen Preis gewonnen haben, oder Ihnen wird ein ungewöhnlich hoher Rabatt angeboten. Oder vielleicht schickt Ihnen jemand, den Sie nur einmal getroffen haben, eine Nachricht, die ungewöhnlich erscheint.

Wenn Sie Artikel auf dem Facebook-Marktplatz zum Verkauf anbieten, werden Sie mit ziemlicher Sicherheit über den Messenger von Personen kontaktiert, die Ihre Artikel haben möchten, ohne den Preis auszuhandeln. Der Betrüger bietet an, einen Kurier zu schicken, um den Artikel abzuholen und Bargeld gegen Bezahlung zu liefern. Zuerst werden Sie jedoch aufgefordert, die FedEx Transportversicherung im Voraus zu bezahlen.

Manche Leute zahlen die gefälschte FedEx-Gebühr, aber FedEx kommt nie mit dem Bargeld oder um die Ware abzuholen.

Ein weiterer Trick, auf den Sie achten sollten, sind Krypto-Influencer-Betrügereien im Messenger. Jemand, den Sie vielleicht als Influencer kennen, sendet Ihnen eine Nachricht, die Ihnen eine exklusive Investitionsmöglichkeit bietet.

Influencer versenden diese Art von Angebot nicht über Instant Messaging. Normalerweise benutzen die Betrüger ein geklontes Facebook-Profil mit einer viel geringeren Anzahl von Followern als das Profil des echten Influencers hat.

Eine weitere Schwachstelle, auf die man achten sollte, sind Schwächen in Apples Airdrop. Wenn Ihr iPhone so eingestellt ist, dass es Dateien von jedermann akzeptiert, kann ein Angreifer Ihnen zumindest ein peinliches Foto senden, oder noch schlimmer, bei älteren Versionen von IOS kann ein Angreifer Malware auf Ihrem iPhone installieren.

Während wir über mobile Nachrichten sprechen, ist es wichtig zu wissen, dass das NIST in den USA nicht mehr empfiehlt, SMS-Codes zu verwenden, wenn man sich bei Diensten wie Google Mail anmeldet. Sogar Google hat die Verwendung von SMS-Login-Codes für seine Mitarbeitenden eingestellt.

Dies liegt an einem Angriff, der als SIM-Swap-Angriff bezeichnet wird, bei dem jemand Ihren Mobilfunkanbieter anruft und nach einer Ersatz-SIM-Karte fragt. Sie haben dann Ihre Telefonnummer übernommen, damit sie Ihre SMS-Login-Codes erhalten können.

Aber SMS-Nachrichten lassen sich auch ganz einfach mit einer einfachen Elektronik abfangen. Wenn Sie also eine bekannte vermögende Privatperson sind, könnten Sie auf diese Weise leicht ins Visier genommen werden.

Die Verwendung eines Webbrowsers auf einem Computer oder Mobilgerät kann genauso gefährlich sein wie die Verwendung von E-Mail oder Instant Messaging.

Eines der größten Probleme ist der Besuch von Websites, die Malware verbreiten. Nehmen wir zum Beispiel an, dass Sie nicht für MS Office bezahlen möchten. Sie können bei Google nach ‚MS Office Cracked‘ suchen. Sie werden feststellen, dass die ersten Websites, die Google auflistet, alle Malware enthalten.

Das Worst-Case-Szenario ist also, dass Sie eine infizierte Raubkopie von Office herunterladen und installieren. Wenn Sie dann das nächste Mal Internet-Banking ausführen, werden Sie möglicherweise feststellen, dass fast alle Ihre Ersparnissen von Ihrem Konto verschwunden sind.

Im besten Fall kennzeichnet Ihre Anti-Malware-Lösung diese Websites als gefährlich, und selbst wenn Sie die Warnungen ignorieren und auf den Button zum Herunterladen klicken, werden Sie daran gehindert, diese Websites aufzurufen.

Und wenn Sie zufällig ein aufstrebender Hacker sind, hüten Sie sich davor, Hacking-Software wie , Dumper Wi-Fi Hacker for PC' herunterzuladen. Dieser Download enthält auch Malware.

Ein Drive-by-Angriff kann einen Webbrowser ausnutzen, der aufgrund fehlender Sicherheitsupdates Sicherheitslücken enthält. Abgesehen vom Besuch der infizierten Website müssen Sie für einen Drive-by nichts weiter tun, um den Angriff zu starten.

Ein Drive-by-Angriff kann verwendet werden, um Sie auszuspionieren, Ihren Computer zu übernehmen, um Krypto-Token zu schürfen, oder um Ransomware zu installieren.

Eine weitere Schwachstelle in Webbrowsern ist die Verwendung von Browsererweiterungen. Ein gutes Beispiel dafür sind Angriffe auf heiße Krypto-Wallets wie MetaMask. Wenn Sie Krypto-Token von Ihrer MetaMask-Wallet übertragen, müssen Sie normalerweise der Börsen-Website erlauben, Krypto auszugeben, die sich in Ihrer Browser-Erweiterungs-Wallet befinden.

Das Problem ist, dass es Fälle gab, in denen Krypto-Börsen-Websites gekapert wurden und recht wohlhabende Benutzer der betrügerischen Website unwissentlich erlaubten, alle ihre Kryptowährungen auszugeben, wodurch ihre Brieftasche effektiv Millionen von Krypto-Assets ausgab.

In extremen Fällen können bösartige Browsererweiterungen auch viele private Daten stehlen, einschließlich Passwörter oder Ihre Kreditkartennummer.

Wie Sie sehen, gibt es also viele Möglichkeiten, wie Sie anfällig für Cyberangriffe sind, einfach über E-Mail, Instant Messaging oder einen Webbrowser.

Übung

Hier ist eine kurze Übung, die Sie jetzt machen können.

1. Überprüfen Sie Ihren Junk-E-Mail-Ordner und prüfen Sie, ob Sie Beispielnachrichten finden, bei denen es sich um Phishing oder Finanzbetrug handelt.
2. Überprüfen Sie Ihre Instant Messaging-Apps, um festzustellen, ob Sie Nachrichten mit einem verdächtigen Link erhalten haben.
3. Überprüfen Sie, wie sicher Ihr Browser ist, indem Sie diese Webseite aufrufen: https://browseraudit.com

Remote-Arbeit

„Ich bin in einer Beziehung mit dem WLAN meines Nachbarn. Man könnte sagen, dass wir eine starke Verbindung haben"

Als Nächstes werden wir uns ansehen, wie mobiles Arbeiten und Menschen, die von zu Hause aus arbeiten, ebenfalls anfällig für Cyberangriffe sind. Dies wurde während Covid-19 zu einer Priorität, da IT-Sicherheitsteams bald erkannten, dass viele Mitarbeitende, die aus der Ferne tätig waren, das Risiko für einen Cyberangriffen erhöhten.

Eine der größten Bedrohungen für Remote-Mitarbeitende ist die Verwendung von öffentlichem WLAN oder WLAN, das mit schwachen Sicherheitseinstellungen konfiguriert ist.

Warum ist das so?

Seit den 1990er Jahren, als Wi-Fi-Lösungen zum ersten Mal standardisiert wurden, gab es große Sicherheitslücken in der Technologie, die es einfach machten, sich in Netzwerke zu hacken. Und da Wi-Fi oft von Personen ohne Cybersicherheitskenntnisse konfiguriert wird, wird das Netzwerk manchmal mit schwacher Sicherheit oder sogar ohne Sicherheit konfiguriert.

Da Wi-Fi-Sicherheitsstandards extrem komplex sind, ist es leicht zu glauben, dass Sie Ihr Netzwerk sicher konfiguriert haben, obwohl dies nicht der Fall ist.

Ein Beispiel für schwache Wi-Fi-Sicherheit ist, wenn ein Restaurant namens *Charlies Pizza* das Wi-Fi-Passwort ‚CHARLIESPIZZA‘ verwendet. Ein Beispiel für mangelnde Sicherheit ist die Deaktivierung der WEP- und WPA-Verschlüsselung, auch bekannt als offenes WLAN.

Ein weiteres Beispiel ist, wenn Ihr WLAN so konfiguriert ist, dass Verbindungen über eine WPS-PIN zugelassen werden. Heutzutage kann eine 8-stellige PIN mit der richtigen Ausrüstung in etwa zwei Sekunden gehackt werden.

Um anonym zu bleiben, wenn er seine gestohlenen Daten an Journalisten weitergab, nutzte Edward Snowden einen Trick. In seinem Buch beschreibt er, dass er durch die Nachbarschaft fuhr, bis er Wi-Fi mit schwacher Sicherheit fand. Sobald er ein Netzwerk mit schwacher Sicherheit gefunden hatte, parkte er, loggte sich ein und arbeitete dann im Wi-Fi eines anderen.

Sobald ein Hacker mit Ihrem WLAN verbunden ist, kann er in vielen Fällen eine Verbindung zu Ihrem MAC, PC, Apple TV, den Heimkameras, Amazon Alexa und jedem anderen Gerät in Ihrem Netzwerk herstellen. Und wenn Sie die werkseitigen Standardpasswörter für Ihre CCTV-Kameras nicht geändert haben, hat dieser Hacker zudem Zugriff auf Ihren Kamera-Feed.

Hotel-WLAN ist sogar noch gefährlicher, da Hotelgäste oft ins Visier genommen werden, und es gab in der Vergangenheit Fälle, in denen VIP-Hotelgäste wie Diplomaten und Firmenchefs von internationalen Hackergruppen ins Visier genommen wurden.[3]

Es gibt auch Schwachstellen in anderen drahtlosen Geräten wie Tastaturen und Mäusen, von denen einige Bluetooth verwenden, andere nicht. Zum Beispiel bei der MouseJack-Attacke[4] kann ein Angreifer einen Computer hacken, indem er Tastaturbefehle über einen drahtlosen Dongle sendet, der sich in einer Entfernung von bis zu 100 Metern befindet.

Und Tastaturbefehle und Passwörter, die von einem Benutzer eingegeben werden, können bei einem KeySniffer-Angriff von drahtlosen Tastaturen abgegriffen werden.[5]

Im Jahr 2019 enthüllte ein Sicherheitsforscher neue Schwachstellen in USB-Dongles, drahtlosen Tastaturen, Mäusen und Präsentationsklickern von Logitech.[6] Ein Angreifer konnte den Logitech-Dongle verwenden, um unbemerkt einen Computer zu übernehmen. Kein Wunder also, dass Logitech eine neue Serie von Business-Tastaturen mit verbesserter drahtloser Verschlüsselung herausgebracht hat.

Es gibt viele andere Bluetooth-Schwachstellen, die es einem Angreifer ermöglichen, ein Gerät über seine Bluetooth-Schnittstelle zu übernehmen und dann Dateien zu stehlen oder zu löschen und so weiter.

Eine weitere, weniger offensichtliche Gefahr für Remote-Mitarbeitende ist das IoT (oder Internet der Dinge). Menschen, die zu Hause arbeiten, haben oft Zigbee-kompatible Smart-Home-Controller und Geräte wie intelligente Beleuchtung und Smart-TVs. Auch diese sind nicht frei von Schwachstellen. Forschende haben herausgefunden, dass sogar intelligente Glühbirnen ausgenutzt werden können, was dazu führen kann, dass das gesamte Heimnetzwerk kompromittiert wird.[7]

Eine weitere Schwachstelle, die insbesondere für Remote-Mitarbeitende wichtig ist, bezieht sich auf den physischen Zugriff. Dies ist ein Problem, bei dem Sie Ihren Laptop oder Ihr Smartphone unbeaufsichtigt lassen können oder wenn sie verloren gehen oder gestohlen werden.

Wenn auf Ihrem Laptop die Festplattenverschlüsselung nicht aktiviert ist, sind alle Daten auf diesem Laptop gefährdet, wenn er gestohlen wird, da es auf vielen Laptops nicht schwierig ist, den Passwortschutz zu umgehen. Und es ist sinnlos, Ihren Computer oder Ihr Mobilgerät verschlüsseln zu lassen, wenn Sie Bildschirmsperren deaktivieren, einen einfachen PIN-Code wie 0000 verwenden oder Bildschirmschoner-Timeouts verlängern.

Unverschlüsselte Daten auf USB-Laufwerken werden auch offengelegt, wenn das Gerät verloren geht oder gestohlen wird. Es gibt jedoch noch viele ernstere Risiken, die mit USB-Geräten verbunden sind, und diese sind besonders relevant für Remote-Mitarbeitende an öffentlichen Orten oder in Hotelzimmern.

Wenn Sie Ihren Laptop unbeaufsichtigt an einem öffentlichen Ort lassen, ist es möglich, dass er in wenigen Sekunden mit einem Rubber Ducky Attack kompromittiert werden kann.[8]

Ein Rubber Ducky ist ein benutzerdefiniertes USB-Gerät für 50 US-Dollar, das als Tastatur fungiert. Es kann so programmiert werden, dass genügend Befehle in einen entsperrten Computer eingeschleust werden, um Malware zu installieren und ihn in nur wenigen Sekunden zu übernehmen.

Es gibt eine 10-Dollar-Alternative, die dasselbe tut. Der schlimme USB-Angriff[9] verwendet ein normales USB-Flash-Laufwerk, das mit einer benutzerdefinierten Software konvertiert wird, um einen unbeaufsichtigten Laptop auf die gleiche Weise zu übernehmen.

Und in einer Evil Maid Attack[10] kann das Festplattenverschlüsselungskennwort eines Laptops erfasst werden, indem jemand Zugriff auf den unbeaufsichtigten Laptop erhält, obwohl bei diesem Angriff der Zugriff zweimal erforderlich ist. Er wird als Evil Maid Attack bezeichnet, weil ein Zimmermädchen leicht auf Ihren Laptop in Ihrem verschlossenen Hotelzimmer zugreifen könnte.

Schließlich ist es erwähnenswert, dass ein unschuldig aussehendes USB-Flash-Laufwerk, das Sie auf dem Boden finden, fortschrittliche Malware enthalten kann, die verwendet werden kann, um physische Schäden in einer Fabrik, einem Kraftwerk oder bei einem Wasserversorger zu verursachen.

Ich hoffe also, dass Sie inzwischen erkannt haben, warum remote arbeitende Mitarbeitende und Menschen, die von zu Hause aus arbeiten, sehr anfällig für Cyberangriffe sind.

Übung

Hier ist eine kurze Übung, die Sie jetzt machen können.

1. Prüfen Sie, ob es in Ihrer Nähe ein offenes Wi-Fi-Netzwerk gibt. Denken Sie daran, dass Sie kein Passwort oder keine Passphrase benötigen, um eine Verbindung zu einem offenen Wi-Fi-Netzwerk herzustellen.
2. Stellen Sie einen Timer auf 5 Minuten ein und lassen Sie Ihren Laptop dort, wo Sie ihn sehen können, um zu testen, ob Sie ein Passwort benötigen, um wieder darauf zuzugreifen.
3. Überprüfen Sie, ob Ihr Computerdatenträger mit BitLocker (unter System & Sicherheit auf einem PC) oder FileVault (in Sicherheits- &; Datenschutzeinstellungen auf einem MAC) verschlüsselt ist.

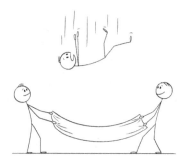

Sichere Konfiguration & Zugriffsverwaltung

„Behandeln Sie Ihr Passwort wie Ihre Zahnbürste. Lassen Sie es nicht von jemand anderem benutzen und holen Sie sich alle drei Monate ein neues"

Als Nächstes werden wir uns ansehen, wie sich die Konfiguration Ihrer Computer, Apps und Mobilgeräte darauf auswirkt, wie anfällig Sie für Cyberangriffe sind.

Wir werden über Ihre Anti-Malware-Lösung, Software-Updates, die Verwendung einer Firewall (falls vorhanden) und die Verwaltung Ihrer Passwörter und Ihres Zugriffs sprechen.

Beginnen wir mit dem Thema Anti-Malware.

Apple-Computer werden nicht ab Werk mit einer Anti-Malware-Anwendung geliefert, aber Apples OSX-Betriebssystem basiert auf einem sicheren Abkömmling von UNIX, und OSX verfügt über erweiterte Sicherheitsfunktionen, die äußerst effektiv gegen Malware sind.[11]

Computer, auf denen eine neuere Version von Windows wie 10 oder 11 ausgeführt wird, verfügen jedoch über eine kostenlose integrierte Microsoft-Anti-Malware-Lösung. Die kostenlose Anti-Malware von Microsoft funktioniert gut, aber einige Sicherheitsfachleute haben nachgewiesen, dass sie gegen einige fortschrittliche Malware unwirksam ist.[12]

Wenn Sie also ein kostenloses Antischadsoftwareprodukt verwenden und weder Sie noch Ihr IT-Support die erweiterten Funktionen Ihrer Microsoft-Antischadsoftware vollständig konfiguriert haben, sind Ihre Geräte möglicherweise anfällig.

Effektive Anti-Malware-Produkte verwenden fortschrittliche Techniken wie maschinelles Lernen, um Bedrohungen zu erkennen, die zuvor nicht erkannt wurden. Und die besten Anti-Malware-Lösungen erkennen installierte Apps, die Sicherheitsupdates benötigen.

Wenn Sie ein Heimanwender sind und nie riskante Websites besuchen und auf nichts Wertvolles auf Ihrem Computer zugreifen, dann sind Sie wahrscheinlich mit einem kostenlosen Anti-Malware-Produkt wie dem von Microsoft gut bedient.

Als Geschäftsanwender müssen Sie sich jedoch fragen, wie hoch das Risikoniveau Ihres Unternehmens ist und ob Ihr Management bereit ist, etwas mehr zu zahlen, um eine Infektion mit Malware oder Ransomware zu vermeiden.

Anti-Malware-Lösungen für Verbraucher und Unternehmen unterscheiden sich erheblich. Neben der zentralen Verwaltung von Updates und Desinfektion bieten Unternehmenslösungen jetzt Funktionen wie Endpoint Detection and Response (EDR), die die Erkennung und Meldung von Angriffen in das Benutzersystem automatisieren.

Das Versäumnis, eine effektive Anti-Malware-Lösung zu installieren oder richtig zu konfigurieren, ist einer der fünf Hauptgründe dafür, dass die Computer der Benutzer die Quelle schwerwiegender Cybersicherheitsvorfälle und Ransomware sind.
Lassen Sie uns nun ein wenig über Software-Schwachstellen sprechen.

Jede Woche werden neue Software-Schwachstellen in Betriebssystemen wie Windows, OSX, Linux, IOS und Android sowie in Software-Apps entdeckt.

Von Zeit zu Zeit sind diese Sicherheitslücken so schwerwiegend, dass ein Angreifer die volle Kontrolle über einen Computer erlangen kann, ohne überhaupt angemeldet zu sein.

Betriebssysteme und Software-Apps auf Computern und mobilen Geräten müssen also regelmäßig aktualisiert werden, damit Sicherheitsupdates eingespielt werden. Unternehmen wie Microsoft veranstalten eine Veranstaltung namens ‚Patch Tuesday', bei der jeden zweiten Dienstag im Monat mehrere Sicherheitsupdates veröffentlicht werden. Updates können jedoch jederzeit veröffentlicht werden.

Ihr Heimcomputer ist normalerweise so eingestellt, dass automatische Updates installiert werden, während in den meisten Unternehmen Sicherheitsupdates nicht automatisch, sondern durch einen sorgfältig kontrollierten Änderungsmanagementprozess überspielt werden.

Wenn Sie also eine Warnung sehen, dass Updates zur Installation bereit sind, beachten Sie die Aufforderung und installieren Sie sie und starten Sie den Computer neu, sobald Sie alles gespeichert haben, woran Sie gerade arbeiten.

Möglicherweise werden Sie nicht aufgefordert, Apps zu aktualisieren, oder automatische App-Updates schlagen fehl.

Daher ist es für PCs wichtig, eine Anti-Malware-Lösung zu installieren, die nach Apps sucht, die Updates benötigen.

Und wenn alles andere fehlschlägt, ist es eine gute Idee, Apps wie Ihren Browser manuell zu überprüfen, um sicherzustellen, dass sie von selbst aktualisiert werden. Dies liegt daran, dass Browser den Bedrohungen, denen Sie täglich im Internet begegnen, am nächsten kommen.

Das Versäumnis, Sicherheitsupdates auf die Computer einzelner Benutzer oder Computerserver aufzuspielen, die in der Unternehmensinfrastruktur verwendet werden, ist eine weitere wichtige Ursache für Cybersicherheitsvorfälle und Ransomware.

Eine weitere bedeutende Schwachstelle besteht darin, dass alte Systeme nicht mit neuen Versionen von Betriebssystemen und Apps aktualisiert werden können, wenn die alten nicht mehr unterstützt werden.

Unternehmen wie Microsoft veröffentlichen verschiedene Termine, an denen ihre älteren Produkte keine Sicherheitsupdates mehr erhalten. Sie bezeichnen diese Versionen als nicht mehr unterstützt. Beispielsweise haben Benutzer von Windows 7 seit dem 14. Januar 2020 keine Sicherheitsupdates mehr erhalten, obwohl Organisationen, die ein Update-Abonnement bezahlen, diese bis zum 10. Januar 2023 erhalten haben.

Diese Fakten sind in einer Google-Suche oder auf Wikipedia leicht zu finden.

Schauen wir uns als Nächstes an, was eine Firewall ist und wie sie Sie und andere vor Cyberangriffen schützen sollte.

Seit Jahren werden Brandschutzmaßnahmen in Autos und Gebäuden eingesetzt, um Menschen vor möglichen Bränden im Motorraum oder in einem Teil eines Gebäudes zu schützen. In der Regel besteht eine Brandwand aus Metall oder einem anderen feuerfesten Material, und es gibt kleine Öffnungen, durch die Rohre und Kabel geführt werden können. Eine Firewall in der IT ist in gewisser Weise ähnlich aufgebaut. Sie wird verwendet, um Ihren Computer von nicht vertrauenswürdigen Netzwerken zu isolieren, und es gibt ein paar kleine Öffnungen für notwendige Verbindungen.

In der Cybersicherheit ist eine Firewall eine zusätzliche Verteidigungslinie, die Netzwerkverbindungen in und aus Ihrem Computer oder Server im Falle der IT-Infrastruktur eines Unternehmens oder einer Hochschule überwacht und steuert. Beispielsweise kann Ihre Firewall eingehende Dateifreigabeverbindungen zu Ihrem Computer blockieren, Ihrem Computer jedoch erlauben, ausgehende Verbindungen herzustellen, um auf Drucker und das Internet zuzugreifen.

Ihre IT-Abteilung sollte die Firewalls in Ihrer Arbeitsumgebung zumindest für die Serverinfrastruktur des Unternehmens verwalten. Möglicherweise verwaltet sie jedoch keine sichere Firewall-Konfiguration auf Ihrem Desktop- oder Notebook-Computer.

Wenn Sie einen modernen PC mit Windows 10 oder MAC verwenden, ist Ihre Firewall wahrscheinlich standardmäßig aktiviert.

Aber sich nur auf eine sofort einsatzbereite Standard-Firewall-Konfiguration zu verlassen, ist nicht sehr sicher, insbesondere bei der Arbeit oder in der Hochschule. Gut geführte Unternehmen verwenden zusätzlich eine sichere Firewall-Konfiguration auf den Computern der Benutzer, insbesondere wenn sie zu Hause oder aus der Ferne über VPN arbeiten.

Wenn Sie keine oder eine schlecht konfigurierte Firewall auf Ihrem Computer haben, erhöht sich Ihre Anfälligkeit und die Wahrscheinlichkeit eines Cyberangriffs, der sich lateral innerhalb Ihres Unternehmens verbreiten kann, wenn Ihr Computer oder der eines Kollegen kompromittiert wird.

Als Nächstes werden wir uns ansehen, wie Sie angreifbar sein können, wenn Sie keine Best Practices bei der Verwaltung Ihrer Passwörter und Ihres Zugriffs anwenden.

Die Art und Weise, wie Sie Passwörter verwenden, hat einen großen Einfluss auf Ihre Anfälligkeit für Cyberangriffe. Da viele Websites wie LinkedIn und Facebook wiederholt gehackt werden, besteht eine gute Chance, dass Ihre Passwörter für diese Websites irgendwo im Dark Web zum Verkauf stehen.

Sie können überprüfen, ob Ihre Passwörter in eine Datenschutzverletzung verwickelt waren, indem Sie eine Website wie haveibeenpwned.com verwenden. Wenn Sie ‚gepwned' wurden und Sie Ihre geschäftliche E-Mail-Adresse und dasselbe Passwort auf einer öffentlich zugänglichen Arbeits-, Schul- oder Uni-Website verwendet haben, ist Ihr Zugriff auf diese Websites anfällig.

Wenn Sie ein schwaches Passwort haben, kann Ihr Konto mit einem Brute-Force- oder Wörterbuchangriff gehackt werden. Bei diesen Angriffen werden Tausende von möglichen Passwörtern ausprobiert, bis das richtige Passwort gefunden wird.

Wenn Ihr Passwort gehackt oder online gefunden wird, sind Sie anfällig, insbesondere wenn Sie keine Multi-Faktor-Authentifizierung (MFA) verwenden.

MFA bedeutet, dass Sie sich zusätzlich zu Ihrem Benutzernamen und Passwort mit einem weiteren Faktor anmelden.

Dabei kann es sich um einen Code handeln, den Sie per SMS, Push-Benachrichtigung, von einer App wie Authy oder Duo oder von einem USB-Gerät erhalten, das Sie an den USB-Anschluss oder das Telefon Ihres Computers anschließen.

Eine schlechte Passwortverwaltung und das Versäumnis, MFA zu aktivieren, sind ein weiterer wichtiger Grund, warum so viele Unternehmen Opfer von Datenschutzverletzungen und Ransomware-Angriffen werden.

Zusammenfassend lässt sich sagen, dass Sie sich selbst und möglicherweise Ihre Kollegen bei der Arbeit oder in der Hochschule anfälliger machen, wenn Sie nachlässig mit Passwörtern umgehen.

Ich denke, Sie können inzwischen sehen, warum eine unsichere Computerkonfiguration und ein schlechtes Zugriffsmanagement einen großen Einfluss auf das Risiko eines Cyberangriffs haben können.

Übung

Hier ist eine kurze Übung, die Sie jetzt machen können.

1. Laden Sie die sichere Beispiel-Antischadsoftware-Testdatei herunter: https://eicar.org. Speichern Sie die Anwendung auf der Festplatte und prüfen Sie, ob Ihre Anti-Malware Sie warnt.
2. Überprüfen Sie, ob Ihr Konto bei einer Datenschutzverletzung kompromittiert wurde, indem Sie die folgende Website aufrufen: https://haveibeenpwned.com
3. Erstellen Sie ein Passwort, wie Sie esnormalerweise verwenden würden, aber stellen Sie sicher, dass Sie es noch nie zuvor verwendet haben, und testen Sie es dann auf dieser Website auf seine Stärke und Qualität: https://password.kaspersky.com

So verhindern Sie Cyberangriffe

„Jemand hat mein Gmail-Passwort gehackt. Jetzt muss ich meine Katze umbenennen"

Als Nächstes werden wir uns ansehen, was Sie tun können, um die Wahrscheinlichkeit zu verringern, dass Ihre Cyber-Schwachstellen ausgenutzt werden.

Wir behandeln Best Practices, die Sie bei Ihrem täglichen IT-Einsatz anwenden können. Viele dieser Maßnahmen kosten Sie nichts, aber sie tragen dazu bei, Sie und Ihr Unternehmen vor Cyberangriffen besser geschützt sind.

Schauen wir uns zunächst die Verwendung von E-Mails an.

Wenn Sie Ihre E-Mails lesen, ist es wichtig, verdächtige E-Mails mit Vorsicht zu behandeln. Drei Dinge, auf die Sie achten sollten, sind die Absenderdomäne, die Sprache in der E-Mail und ein Aufruf zum Handeln.

Ich bin sicher, Sie wissen bereits, was SPAM ist, aber um sicher zu gehen: SPAM ist einfach eine E-Mail oder eine andere Art von elektronischen Nachrichten, die ohne Zustimmung an Sie und viele andere gesendet werden.

Antworten Sie niemals auf SPAM. Verschieben Sie die Nachricht in Ihren Junk-Ordner, oder erstellen Sie eine Regel, um dies in Zukunft für Sie zu tun, wenn Sie mehrere Nachrichten vom selben Absender erhalten.

Einige E-Mail-Apps ermöglichen es Ihnen, SPAM zu melden. Wenn es sich wirklich um SPAM handelt, tun Sie dies. Aber SPAM ist nicht zu verwechseln mit E-Mails, die Sie erhalten, weil Sie einer Mailingliste beigetreten sind. Wenn Sie keine E-Mails mehr von einer Liste erhalten möchten, melden Sie sich einfach ab.

Öffnen Sie niemals Anhänge, es sei denn, Sie kennen und vertrauen der Person, die sie gesendet hat, und es ist normal, dass sie Ihnen Anhänge sendet.

Vermeiden Sie es, auf Hyperlinks in E-Mail-Nachrichten zu klicken, auch nicht auf Abmeldelinks, es sei denn, Sie sind sich zu 100% sicher, dass die Absenderdomäne echt und vertrauenswürdig ist.

Schauen wir uns als Nächstes Instant Messaging an. Vermeiden Sie es, auf Sofortnachrichten von Personen zu antworten, die Sie nicht kennen. Wenn Sie jedoch antworten müssen, geben Sie niemals persönliche Informationen in Instant-Messaging-Apps weiter, z.B. wo Sie arbeiten oder wo Sie leben.

Hüten Sie sich vor gefälschten Influencer-Profilen und ignorieren Sie jeden, der Sie mit Investitionsmöglichkeiten oder Angeboten kontaktiert, die zu gut sind, um wahr zu sein.

Vermeiden Sie es wie bei E-Mails, auf Links zu klicken, die Sie in einer Sofortnachricht erhalten. Gehen Sie davon aus, dass der Link zu Malware führt, auch wenn der Link von jemandem zu stammen scheint, den Sie kennen.

Konfigurieren Sie die Einstellungen Ihrer Instant Messaging-App für maximalen Datenschutz.

Stellen Sie schließlich sicher, dass die Software Ihrer Mobilgeräte aktualisiert und auf die neueste Betriebssystemversion aktualisiert ist. Aktivieren Sie nach Möglichkeit automatische Updates.

Sehen wir uns als Nächstes an, was Sie tun können, um Ihr Nutzerverhalten im Internet sicherer zu machen.

Ihr Webbrowser ist wahrscheinlich eine der Apps, die Sie an einem typischen Tag am häufigsten verwenden, aber es ist auch die App, die Sie einem größeren Risiko aussetzt.

Das Wichtigste ist, sicherzustellen, dass Sie die neueste Version Ihres Webbrowsers verwenden. Für die meisten Menschen wird dies automatisch durchgeführt werden, da sowohl Apple als auch Microsoft ihre eigenen Browser in Betriebssystem-Updates aufnehmen.

Automatische Updates können jedoch fehlschlagen, daher lohnt es sich, von Zeit zu Zeit nachzusehen.

Es ist auch eine gute Idee, Ihre Browsereinstellungen für maximale Privatsphäre und Sicherheit zu konfigurieren.

Wenn Ihr Browser Sie über ein ungültiges Zertifikat oder eine bösartige Website informiert, sollten Sie die Warnung beachten und die Website nicht besuchen.

Für eine zusätzliche Verteidigungslinie sollten Sie Browsererweiterungen von Malwarebytes, Kaspersky oder Microsoft installieren, die Sie warnen oder den Zugriff auf bösartige Websites blockieren.

Wenn Sie einen alten Browser wie Internet Explorer verwenden, sollten Sie stattdessen auf Chrome, Firefox oder Edge wechseln.

Schauen wir uns nun an, wie Sie sich im öffentlichen und Heim-WLAN sicherer bewegen.

Wenn Sie Ihr eigenes WLAN zu Hause verwalten, versuchen Sie zunächst, Ihren Router oder Access Point so einzustellen, dass er die höchstmögliche WLAN-Sicherheit verwendet. Das könnte zum Beispiel bedeuten, dass nur WPA3 zugelassen wird. Stellen Sie sicher, dass alle Ihre Geräte noch funktionieren, da einige ältere Geräte WPA3 nicht unterstützen.

Wenn auf Ihrem Router die WPS-PIN aktiviert ist, sollten Sie diese deaktivieren.

Und verwenden Sie ein langes, komplexes Passwort für Ihr Wi-Fi-Netzwerk. Die meisten WLAN Router unterstützen Passwörter mit einer Länge von bis zu 63 Zeichen.

Der beste Weg, um ein langes, komplexes Wi-Fi-Passwort zu generieren und zu speichern, besteht darin, den Passwortgenerator in einem guten Passwort-Safe wie BitWarden zu verwenden.

Und wenn Sie Gästen die Nutzung Ihres Heim-WLANs ermöglichen möchten, erstellen Sie ein separates WLAN-Netzwerk, das sie nutzen können. Dies ist mit den meisten WLAN-Routern und Access Points möglich.

Ändern Sie immer das Standard-Administratorkennwort auf Ihrem WLAN-Router zu Hause und deaktivieren Sie die Fernverwaltung über das Internet.

Wenn Sie öffentliche WLAN-Hotspots bei Starbucks oder in Hotels nutzen, stellen Sie sicher, dass Sie immer eine Verbindung zu Ihrem VPN herstellen, sobald Sie sich mit dem WLAN-Netzwerk verbinden. Viele VPN-Clients können so konfiguriert werden, dass sie dies automatisch tun.

Mitarbeitende im Homeoffice, die für ihre eigene IT verantwortlich sind, sollten auch ein VPN verwenden, wenn sie Zweifel haben, wie sie Wi-Fi-Netzwerke sicher konfigurieren können.

Da offene Wi-Fi-Netzwerke kein Passwort erfordern, um eine Verbindung herzustellen, sollten Sie sie meiden, da Ihr Computer oder Mobilgerät sehr anfällig ist, während Sie mit einem offenen freigegebenen Netzwerk verbunden sind.

Wenn Sie sich in einem öffentlichen WLAN befinden und in Ihrem Browser Warnungen über ungültige Zertifikate sehen, sollten sie dieses Netzwerk nicht verwenden.

Schließlich sollten Remote-Mitarbeiter sicherstellen, dass sie immer mit einem VPN verbunden sind, wenn sie Wi-Fi verwenden, das nicht von ihrem eigenen IT-Team verwaltet wird.

Als nächstes werden wir uns mit Bluetooth befassen.

Bluetooth-Geräte sind anfällig für viele verschiedene Hacks. Die schwerwiegenderen Sicherheitslücken ermöglichen es einem Angreifer, Malware auf Ihrem Gerät zu installieren oder alles zu erfassen, was Sie über Ihre Tastatur eingeben, einschließlich Ihrer Passwörter.

Menschen, die in sensiblen Berufen in den Bereichen Finanzen, Sicherheit, Militär oder Regierung arbeiten, sollten die Verwendung von Bluetooth und ähnlichen drahtlosen Geräten vermeiden und stattdessen bei kabelgebundenen Tastaturen und Mäusen bleiben.

Wenn Sie IoT-fähige Geräte in Ihrem Heimnetzwerk verwenden, ist es auch eine gute Idee, diese über ein separates, isoliertes Wi-Fi-Netzwerk mit dem Internet zu verbinden.

Als nächstes werden wir uns mit der physischen Sicherheit befassen und wie Sie Ihre Daten schützen können. Sie müssen zusätzliche Vorsichtsmaßnahmen treffen, um Datenverlust zu vermeiden, wenn Sie einen Laptop oder ein mobiles Gerät an öffentlichen Orten verwenden.

Stellen Sie zunächst sicher, dass der Speicher von Laptops und anderen mobilen Geräten verschlüsselt ist. Windows 10 Pro verwendet dafür BitLocker und Apple MACs verwenden FileVault.

Stellen Sie in ähnlicher Weise sicher, dass alle tragbaren Speicher wie USB-Festplatten oder USB-Flash-Laufwerke verschlüsselt sind.

Wenn Sie in einem sensiblen Bereich wie Sicherheit oder Bankwesen arbeiten, sollten Ihre USB-Anschlüsse an Ihrem Laptop physisch blockiert oder mithilfe von Software deaktiviert werden.

Lassen Sie Ihren Laptop niemals unbeaufsichtigt, aber wenn es sein muss, stellen Sie sicher, dass es eine kurze Verzögerung bei der Bildschirmsperre gibt und dass Sie den Bildschirm sperren, bevor Sie Ihren Arbeitsplatz verlassen.

Wenn Sie Ihre eigene IT verwalten, stellen Sie sicher, dass Sie eine moderne, fortschrittliche Antimalware-Lösung wie Malwarebytes oder Kaspersky installiert haben.

Software-Updates und -Upgrades sind ebenfalls wichtig. Stellen Sie sicher, dass Ihr Computer und Ihre mobilen Geräte für automatische Systemupdates konfiguriert sind, und überprüfen Sie regelmäßig, ob Updates nicht fehlschlagen.

Überprüfen Sie, ob Apps, die für automatische Updates konfiguriert werden können, wie Microsoft Office und Webbrowser, tatsächlich aktualisiert werden. Aktualisieren Sie sie bei Bedarf manuell.

Von Zeit zu Zeit veröffentlichen Microsoft und Apple neue Hauptversionen von Windows und OSX. Im Allgemeinen sollten Sie Ihre Apple-Geräte sofort aktualisieren, aber es ist am besten, mindestens ein Jahr zu warten, bevor Sie eine neue Hauptversion installieren, z.b. um von Windows 10 auf Windows 11 zu aktualisieren.

Firewalls können Sie auch schützen und verhindern, dass Malware über Netzwerke verbreitet wird.

Wenn Sie Ihre eigene IT verwalten, stellen Sie sicher, dass zumindest Ihre Firewall auf Ihrem MAC oder PC aktiv ist. Wenn Sie ein fortgeschrittener Benutzer sind oder mehr Transparenz und Kontrolle darüber haben möchten, welche Netzwerkverbindungen hergestellt werden, dann sollten sie vielleicht eine Firewall eines Drittanbieters wie LittleSnitch auf dem MAC oder GlassWire auf dem PC installieren.

Sehen wir uns an, wie Sie den Zugriff auf Ihre Dienste und sicheren Passwörter verwalten.

Verwenden Sie einen vertrauenswürdigen Passwort-Manager wie BitWarden, der Ihnen hilft, sichere Passwörter zu generieren und sicher zu speichern. Passwörter, die in BitWarden gespeichert sind, werden zwischen Ihren verschiedenen Mobilgeräten und Ihrem Computer synchronisiert.

Die Verwendung von BitWarden hilft Ihnen auch dabei, ein eindeutiges Passwort für jeden von Ihnen verwendeten Dienst zu erstellen, da Sie sich nie an die in BitWarden gespeicherten Passwörter erinnern müssen. Sie sollten jedoch ein komplexes Passwort verwenden, das Sie sich merken können, sowie eine sichere Multifaktor-Methode, um auf Ihre anderen Passwörter in BitWarden zuzugreifen.

Obwohl viele Browser wie Chrome und Safari das Speichern von Passwörtern im Browser unterstützen, wird dies nicht empfohlen, denn wenn Ihr Computer kompromittiert wird, hat ein Angreifer Zugriff auf Ihren Browser und damit auf alle Ihre Passwörter.

Bei der Multi-Faktor-Authentifizierung verwenden Sie zusätzlich zu Ihrem Passwort eine weitere Information, um Ihre Anmeldung zu validieren. Dies kann ein Code sein, den Sie per SMS erhalten, oder eine mobile App wie Authy oder Duo oder von einem Hardware-Token wie YubiKey.

Aktivieren Sie für jede Webanwendung oder mobile App, die Sie wie Gmail oder LinkedIn verwenden, die Multifaktor-Authentifizierung für die Anmeldung.

Fassen wir also zusammen, was wir behandelt haben.

In diesem Kapitel haben wir viele Möglichkeiten beschrieben, wie Sie Ihre Anfälligkeit verringern und Ihren Schutz vor Cyberangriffen verbessern können.

Wir haben uns mit der sicheren Nutzung von E-Mail und Messaging, dem Surfen im Internet, Wi-Fi und Bluetooth, physischer Sicherheit und USB-Geräten, Anti-Malware-Lösungen, Software-Updates, MFA, Netzwerksicherheit mit Passwortverwaltung und Firewall befasst.

Es mag den Anschein haben, dass es viel zu tun gibt. Aber selbst, wenn Sie nur zwei oder drei dieser wichtigen Aspekte verbessern, wird dies einen großen Unterschied für Ihre Cybersicherheit machen.

Schauen wir uns einen letzten Punkt an, der wichtig zu wissen ist.

Viele Kryptowährungsunternehmen prahlen auf ihrer Website stolz damit, dass sie die sicherste Krypto-Börse oder -App sind, nur um später öffentlich zugeben zu müssen, dass ihnen peinlicherweise bei einem Cybersicherheitsvorfall Millionen gestohlen wurden.

Sie müssen allerdings wissen, dass es unmöglich ist, einen Punkt zu erreichen, an dem Ihr Unternehmen zu 100% sicher ist. Betrachten Sie Cybersicherheit immer als einen Prozess der kontinuierlichen Verbesserung.

Übung

Hier ist eine kurze Übung, die Sie jetzt machen können.

1. Wenn Sie noch keinen Google Chrome-Browser haben, laden Sie ihn herunter und installieren Sie ihn.
2. Laden Sie die Chrome-Erweiterung Malwarebytes Browser Guard herunter und installieren Sie sie.
3. Suchen Sie bei Google nach ‚Cracked Microsoft Office' und stellen Sie sicher, dass Malwarebytes Sie warnt, wenn Sie versuchen, die ersten 2 oder 3 bei Google aufgeführten Websites zu besuchen.

Was ist, wenn Sie Opfer eines Cyberangriffs werden?

„Die Zukunft hängt davon ab, was man heute tut"

In diesem Kapitel besprechen wir, was Sie tun sollten, wenn Sie den Verdacht haben, Opfer eines Cyberangriffs geworden zu sein.

Auch wenn Sie gerade erst festgestellt haben, dass Ihr Unternehmen Opfer eines Cyberangriffs geworden ist, ist es bis zu einem gewissen Grad bereits zu spät. Sie haben wahrscheinlich Daten oder Geld verloren oder Ihre Dateien wurden verschlüsselt und Sie werden aufgefordert, ein Lösegeld zu zahlen, um sie zurückzubekommen.

Pech gehabt, Ihr Unternehmen wird wahrscheinlich in den Nachrichten und in den Zeitungen sein.

Deshalb ist das vorherige Kapitel über die Vermeidung von Cyberangriffen so wichtig.

Der Behebung von Cyberangriffen wie Ransomware in einem großen Unternehmen ist äußerst komplex und zeitaufwändig, und die Kosten können in die Millionen gehen. Dieses Kapitel kann also nur ein allgemeiner Überblick über einen generischen Prozess geben, der in Ihrem Unternehmen während eines Cyberangriffs befolgt werden kann oder auch nicht.

Der genaue Cyber-Incident-Response-Prozess, den Ihr Unternehmen befolgt, wird von Ihrem Sicherheitsteam und der Unternehmensleitung festgelegt.

Wenn Sie den Verdacht haben, Opfer eines Cyberangriffs zu werden, ist es in jedem Fall wichtig, sieben Schritte zu befolgen.

1. **Bestätigen Sie den Angriff**
2. **Übergeben Sie an Ihren IT-Support**
3. **Den Angriff eindämmen**
4. **Umfang des Schadens feststellen**
5. **Meldung an Behörden machen**
6. **Informieren Sie die Öffentlichkeit**
7. **Dokumentieren Sie die gewonnenen Erkenntnisse**

Wenn der Cyberangriff ein Arbeits- oder Hochschulsystem betrifft, sollten Sie nur die Schritte 1 und 2 ausführen, es sei denn, Sie arbeiten im Sicherheitsteam Ihres Unternehmens.

Wenn Sie Ihre persönliche IT zu Hause verwalten, benötigen Sie wahrscheinlich Unterstützung von einer bekannten IT-Support-Organisation.

Schritt #1
Finden Sie einen Weg, um den Angriff schnell zu bestätigen oder zu entscheiden, dass es sich um einen Fehlalarm handelt. Dies kann einfach sein, wenn Sie feststellen, dass Ihre Dateien durch Ransomware verschlüsselt wurden. Aber es gibt noch viele andere Arten von Angriffen wie Denial-of-Service, Malware-Infektionen, Extorsion und Datendiebstahl. Die Art und Weise des Angriffs erfordert auf jeden Fall verschiedene Maßnahmen.

Schritt #2
Sobald Sie einen Cyberangriff bestätigt haben, müssen Sie das Problem unverzüglich an Ihren IT-Support oder Ihr Sicherheitsteam melden. Dies sollte diskret erfolgen, da Cybersicherheitsvorfälle nicht an die Öffentlichkeit, Journalisten usw. weitergegeben werden sollten, es sei denn, die verantwortlichen Personen in Ihrem Unternehmen entscheiden sich dazu. Versuchen Sie nicht, die Sicherheitsvorfälle selbst zu untersuchen oder zu beheben, es sei denn, es ist Ihre Aufgabe und Ihre Verantwortung, dies zu tun.

Schritt #3

Als nächstes muss Ihr IT-Sicherheitsteam den Schaden begrenzen und die Ausbreitung von Malware auf andere Systeme begrenzen. Wenn sie es also mit Malware oder Ransomware zu tun haben, müssen sie betroffene Systeme isolieren, indem sie sie vom Internet und jedem anderen Netzwerk wie Wi-Fi trennen.

Schritt #4

Dann müssen sie den Schaden begutachten und beheben. Im Falle von Malware oder Ransomware bedeutet dies, dass die Systeme neu aufgebaut und Daten aus Backups wiederhergestellt werden müssen.

Schritt #5

Je nachdem, wo Sie sich befinden, ist Ihre Organisation gesetzlich verpflichtet, dies den Behörden sowie den betroffenen Personen zu melden, wenn bei einem Angriff personenbezogene Daten, medizinische Daten, Kreditkartennummern oder Bankdaten kompromittiert wurden.

Organisationen, die kritische Dienste oder digitale Dienste in der EU erbringen, sind ebenfalls durch die Richtlinie über Netz- und Informationssicherheit (NIS) verpflichtet,[13] Cybersicherheitsvorfälle unverzüglich den Behörden zu melden.

Auch wenn Ihr Unternehmen nicht verpflichtet ist, einen Cyberangriff an die Öffentlichkeit zu melden, ist es besser, dies in einer kontrollierten Kommunikation zu tun, da Details des Angriffs ohnehin durchgesickert sein könnten.

Schritt #6
Schließlich sollte Ihr IT-Sicherheitsteam eine Ursachenanalyse durchführen und alle Lehren aus dem Cyberangriff dokumentieren.

Damit ist dieses Kapitel abgeschlossen, was zu tun ist, wenn Sie den Verdacht haben, Opfer eines Cyberangriffs zu sein.

Was ist, wenn Sie Opfer eines Cyberangriffs werden?

Cyber Essentials-Zertifizierung im UK

„Technologievertrauen ist eine gute Sache, aber Kontrolle ist eine bessere"

Dieses Kapitel befasst sich ausführlich mit dem Cyber Essentials-Zertifizierungsprogramm,[14] das von der britischen Regierung entwickelt wurde, um die britische Bevölkerung vor Cyberbedrohungen zu schützen.

Auch wenn Sie möglicherweise nicht in Großbritannien leben oder dort geschäftliche Verbindungen haben, sind die Sicherheitskontrollen in der Norm sehr nützlich, da Cyber Essentials gut für Organisationen geeignet ist, deren Cybersicherheitsstrategie noch nicht ausgereift ist, oder für Unternehmen, die möglicherweise noch nicht über ein Managementsystem zur Informationssicherheit verfügen.

Was ist Cyber Essentials?

Das UK Cyber Essentials-Programm ist eine staatlich unterstützte Sicherheitszertifizierung, die Unternehmen jeder Größe dabei helfen soll, ihre Cybersicherheit zu verbessern. Es wurde 2014 eingeführt, um Unternehmen bei der Implementierung einer Reihe vereinfachter Sicherheitskontrollen zu unterstützen, die die größten Risiken mit dem geringsten Aufwand minimieren.

Cyber Essentials sollte auf drei verschiedenen Ebenen betrieben werden, von Zertifizierungsstellen, Akkreditierungsstellen und dem britischen NCSC (Nation Cyber Security Centre).

Es gibt viele Zertifizierungsstellen in ganz Großbritannien, und dies sind die Organisationen, die Bewertungen durchführen und Zertifikate ausstellen.

Seit dem Start des Programms im Jahr 2014 gab es fünf Akkreditierungsstellen: APMG, CREST, IASME, IRM Security und QG. Seit 2020 ist die IASME jedoch die alleinige Akkreditierungsstelle. Das NCSC beaufsichtigt das Programm Cyber Essentials.

Bei der Selbsteinschätzung umfasst die Erstzertifizierung, die online durchgeführt wird, die Beantwortung einer Reihe von Fragen im Fragebogen zur Selbsteinschätzung (SAQ), und die Einreichung muss von einem Geschäftsführer des Unternehmens unterzeichnet werden. Dies ist kein einfacher Multiple-Choice-Fragebogen. Fragen müssen mit Freiformeingaben beantwortet werden, die Details zur Systemkonfiguration enthalten.

Die Cyber Essentials-Zertifizierung ist 12 Monate gültig. Für die Selbsteinschätzung von Cyber Essentials werden Organisationen anhand eines Fragebogens bewertet. Für Cyber Essentials Plus ist ein Audit mindestens drei Monate nach der Selbstzertifizierung erforderlich.

Für Organisationen, die das Cyber Essentials Plus-Audit durchführen lassen möchten, ist ein Vor-Ort-Besuch erforderlich. Dies kann von einer der vielen Zertifizierungsstellen durchgeführt werden.

Zum Zeitpunkt der Erstellung dieses Artikels betrugen die Kosten für die Selbstveranlagung 300 £ + MwSt. und stiegen für größere Organisationen auf 500 £ + MwSt.

Cyber Essentials Plus wird erheblich mehr kosten, da die Zertifizierungsstelle vor Ort sein und die Sicherheit der Systeme testen muss. Wenn Sie sich in Großbritannien befinden und es ernst meinen, Ihr Unternehmen vor Cyberangriffen zu schützen, dann ist Cyber Essentials Plus genau das, was Sie brauchen.

Auf der Website des NCSC finden Sie alle Ressourcen, die Sie benötigen, um sich auf die Selbsteinschätzung oder Cyber Essentials Plus vorzubereiten. Der größte Teil des Aufwands wird wahrscheinlich für die Vorbereitung auf die Zertifizierung aufgewendet, indem Richtlinien aktualisiert und die Sicherheit verbessert werden. Sobald Sie sich vorbereitet haben, ist das Einreichen des Fragebogens unkompliziert.

Welches sind die Vorteile der Cyber Essentials-Zertifizierung?

Der größte Vorteil der Cyber Essentials-Zertifizierung besteht darin, dass das Durchlaufen des Prozesses zweifellos die Sicherheit in Ihrem Unternehmen verbessern wird. Es zeigt auch das Engagement für die Sicherung von Lieferketten und die Sicherstellung, dass Unternehmen widerstandsfähig gegen Ransomware, Malware oder andere Arten von Cyberangriffen sind.

Die Cyber Essentials-Zertifizierung gibt dem Management eines Unternehmens auch ein gewisses Maß an Sicherheit, da es über eine gute Grundlage für die Cybersicherheit verfügt.

Im Vereinigten Königreich ansässige Organisationen, die von einer IASME-Zertifizierungsstelle zertifiziert sind, haben Anspruch auf eine kostenlose Cyber-Versicherung, sofern ihr jährlicher Umsatz 20 Millionen Pfund nicht übersteigt.

Und schließlich erfordern Verträge mit der Zentralregierung, bei denen sensible Daten verarbeitet oder bestimmte Technologien bereitgestellt werden, eine obligatorische Cyber Essentials-Zertifizierung.

Welches sind die Cyber Essentials-Sicherheitsanforderungen?

Anforderung #1: Firewalls

Boundary Firewalls müssen verwendet werden, um die digitalen Vermögenswerte des Unternehmens von nicht vertrauenswürdigen Netzwerken und Geräten zu isolieren. Firewalls und Netzwerkgeräte müssen sicher konfiguriert sein. Hostbasierte Firewalls werden für Endpunkte empfohlen.

Anforderung #2: Sichere Konfiguration

Computer und Netzwerkgeräte müssen sicher konfiguriert werden, indem nicht benötigte Dienste deaktiviert, Standardkonten geändert und ihre Software regelmäßig aktualisiert und gepatcht wird.

Anforderung #3: Benutzerzugriffskontrolle

Diese Anforderung besagt, dass Benutzerkonten nur Benutzern zur Verfügung stehen sollten, die sie tatsächlich benötigen. Darüber hinaus muss der rollenbasierte Zugriff sicherstellen, dass autorisierte Benutzer nur Zugriff auf die digitalen Vermögenswerte erhalten, auf die sie sim Rahmen ihrer Tätigkeit zugreifen müssen. Diese Anforderung gilt auch für Kennwortrichtlinien und die Multi-Faktor-Authentifizierung.

Anforderung #4: Malware-Schutz

Diese Anforderung erfordert, dass Malware entweder durch den Einsatz effektiver Anti-Malware-Software, Whitelisting von Anwendungen oder Sandboxing verhindert wird. Sie besagt, dass Anti-Malware-Signaturen regelmäßig aktualisiert werden müssen und der Schutz die Web- und Dateizugriffskontrollen umfassen muss.

Anforderung #5: Verwaltung von Sicherheitsupdates

Diese letzte Anforderung erfordert, dass die gesamte Software auf allen Geräten in Übereinstimmung mit den Best Practices für das Schwachstellenmanagement aktualisiert und gepatcht wird. Die Anforderung besagt auch, dass Software lizenziert werden muss und alle Software, die nicht mehr unterstützt wird, entfernt werden sollte.

Diese Anforderungen ändern sich manchmal, also erkundigen Sie sich immer auf der offiziellen UK Cyber Essentials-Website nach Updates.

Wie führt man ein Cyber Essentials Assessment durch?

Schritt #1: Verwenden Sie das Readiness Toolkit
Das britische NCSC verfügt über ein sehr nützliches Tool, um kostenlose Cyber Essentials-Anleitungen zu erhalten und Ihre Bereitschaft für die Selbsteinschätzung zu testen. Ein Fragebogen im Stil eines Assistenten führt Sie durch einige grundlegende Fragen zu Ihrem Unternehmen, Ihrer IT-Infrastruktur und Ihren Geräten. Sie erhalten hilfreiche Ressourcen und Maßnahmen, die Sie lösen müssen, bevor Sie zertifiziert werden können.

Schritt #2: Lesen Sie die Sicherheitsanforderungen
Das NCSC publiziert zudem ein umfassendes PDF-Dokument mit allen Sicherheitsanforderungen, die erfüllt sein müssen, bevor eine Zertifizierung möglich ist.

Schritt #3: Nehmen Sie die erforderlichen Verbesserungen vor
Die meisten Unternehmen müssen einige Verbesserungen vornehmen oder Sicherheitsprozesse implementieren, bevor sie für Cyber Essentials zertifiziert werden können.

Der Fragebogen enthält Freitextantworten und wird abgelehnt, wenn die Antworten nicht ausreichen. Dies ist zu erwarten, da das Hauptziel dieses Zertifizierungsprogramms darin besteht, die Sicherheit zu verbessern.

Schritt #4: Wählen Sie eine Zertifizierungsstelle

Um Ihre Chancen auf eine Zertifizierung zu verbessern, suchen Sie nach einer erfahreneren Zertifizierungsstelle, die auch berechtigt ist, Cyber Essentials Plus-Bewertungen durchzuführen. Sie können auch das Tool auf der IASME-Website verwenden, um eine beliebige Zertifizierungsstelle auf der Liste auszuwählen.

Schritt #5: Wenden Sie sich an die Zertifizierungsstelle und zahlen Sie die Gebühr

Die Cyber Essentials-Zertifizierungsstellen können weitere Ratschläge geben, um bei der Durchführung des SAQ zu helfen. Wenden Sie sich am besten direkt an die Zertifizierungsstelle und besprechen Sie den Prozess.

Schritt #6: Füllen Sie den SAQ online aus

Sobald Sie Zugang zum Sicherheitsfragebogen erhalten haben, können Sie ihn in Ruhe ausfüllen und absenden, wenn Sie der Meinung sind, dass Sie alle Fragen ausreichend beantwortet haben.

Ist Cyber Essentials also Geldverschwendung?

Wenn man bedenkt, dass Sie sich für eine kostenlose Cyber-Versicherung im Wert von 20 Millionen Pfund qualifizieren können und der durchschnittliche Cyberangriff in Großbritannien in der Größenordnung von drei Millionen Pfund liegt, sind die Kosten sehr niedrig.

Aber müssen Sie all diese Zeit und Mühe aufwenden, um eine Cyber Essentials-Zertifizierung zu erhalten, wenn Sie sich in Großbritannien befinden?

Naja, mal sehen.

Im Januar 2022 forderte das NCSC britische Organisationen aufgrund der Spannungen zwischen Russland und der Ukraine auf, ihre Cybersicherheitsabwehr zu stärken. Es wurde befürchtet, dass britische Organisationen im Falle eines militärischen Konflikts Ziel von Cyberangriffen werden könnten, wie sie Estland 2007 drei Wochen lang lahmlegten.

Das NCSC riet den britischen Organisationen zudem, sich gezielt auf ein solches Ereignis vorzubereiten.

Ich denke, man kann mit Fug und Recht sagen, dass sie eine Kristallkugel gehabt haben müssen.

Übung

Hier ist eine weitere Übung, die Sie jetzt machen können.

Geben Sie jedoch <u>keine</u> vertraulichen Informationen über Ihre Organisation preis, wenn Sie die Fragen in dieser Aufgabe beantworten. Verwenden Sie bei Bedarf fiktive Antworten.

1. Besuchen Sie die Website des UK Cyber Essentials Readiness Tool und gehen Sie die Fragen durch, um zu sehen, welche Informationen gefordert werden: https://getreadyforcyberessentials.iasme.co.uk

Private Fälle von Cyberkriminalität melden

Die meisten privaten Cybersicherheitsvorfälle müssen nicht gemeldet werden. Wenn Sie E-Mails mit Betrügereien oder bösartigen Links in Instant Messaging erhalten haben, sind Sie nicht allein. Jeder erhält diese. Und wenn Ihr Computer mit einem Virus infiziert wurde, dann brauchen Sie IT-Unterstützung, nicht die Polizei.

Wenn es jedoch klare Beweise dafür gibt, dass Sie Geld an einen Betrüger verloren haben, Sie bedroht wurden oder erpresst werden, kann dies ein Fall sein, in dem Sie eine Strafanzeige bei der zuständigen Polizeidienststelle einreichen müssen.

Der Prozess ist in jedem Land und Staat anders, aber die folgenden Links decken zumindest einige der Länder in der EU, der Schweiz und den USA ab.

Europäische Union

Wenn Sie in der Europäischen Union leben und eine erhebliche Cyberkriminalität melden möchten, die Sie persönlich betrifft, können Sie dies Ihrer örtlichen Polizei melden. Eine Liste der europäischen Polizeikräfte, die sich mit Cyberkriminalität befassen, finden Sie auf der folgenden Europol-Seite.

https://www.europol.europa.eu/report-a-crime/report-cybercrime-online

Schweiz

Das Nationale Zentrum für Cybersicherheit der Schweiz ermöglicht es Einzelpersonen, Cyberkriminalität über ein Formular auf der folgenden Seite zu melden.

https://www.report.ncsc.admin.ch/en/chat

Bei erheblicher Cyberkriminalität können Sie sich auch an die auf dieser Seite aufgeführten Polizeien des Bundes oder der Kantone wenden.

https://www.bakom.admin.ch/bakom/en/home page/digital-switzerland-and-internet/internet/fight-against-internet-crime.html

USA

Opfer eines Cyberverbrechens in den Vereinigten Staaten können über die folgende Seite eine Beschwerde beim FBI einreichen.

https://www.ic3.gov/

Kritische Infrastrukturen

Bestimmte Arten von Vorfällen müssen den nationalen Behörden gemäß der NIS-Richtlinie der Europäischen Union und anderen lokalen gesetzlichen Anforderungen in Ihrem Land unverzüglich gemeldet werden.

Die Länder haben in der Regel ihre eigenen nationalen Computer Security Incident Response Teams (CSIRTs). Wenn Sie signifikante Cybersicherheitsvorfälle melden müssen, die wesentliche Dienste oder digitale Dienste betreffen, können Sie eines der nationalen CSIRTs verwenden, die unter der folgenden URL aufgeführt sind.

https://anyanylog.com/where-to-report-cyber-incidents/

Zusammenfassung

Jetzt, wo wir am Ende des Buches angelangt sind, möchte ich Ihnen danken, dass Sie bis zum Ende bei mir geblieben sind. Hier ist eine Zusammenfassung dessen, was wir behandelt haben.

Zunächst haben wir geklärt, was genau Cybersicherheit ist. Dann haben wir uns die Gründe angesehen, warum es wichtig ist und warum jeder eine Schulung in Cybersicherheit benötigt.

Dann haben wir hervorgehoben, wie anfällig Sie für Angriffe von Hackern und Kriminellen sein können.

Als Nächstes haben wir die verschiedenen Schritte behandelt, die Sie unternehmen müssen, um Cyberangriffe zu verhindern.

Und wir haben uns angeschaut, was zu tun und zu lassen ist, sollten Sie jemals Opfer eines Cyberangriffs werden.

Dann haben wir uns mit dem UK Cyber Essentials-Framework befasst, das ein nützlicher Sicherheitsstandard ist, den Sie sich ansehen sollten, insbesondere wenn Sie derzeit kein anderes Cybersicherheits-Framework in Ihrem Unternehmen verwenden.

Es gab zwei kurze Kapitel, in denen erklärt wurde, wie Cyberkriminalität gemeldet werden kann, die eine Einzelperson betrifft, und schwerwiegendere Cyberkriminalität, die kritische Infrastrukturen betrifft.

Schließlich finden Sie im folgenden Ressourcenkapitelt QR-Codes, die Sie scannen können, um die URLs für einige nützliche Tools zu erhalten, mit denen Sie Ihre Cybersicherheit bewerten und verbessern können.

Ich hoffe, dass Sie dieses Buch interessant fanden und dass Sie das Gelernte anwenden werden, um Ihre Cybersicherheit sowohl zu Hause als auch in Ihrem Büro zu verbessern.

Ressourcen

Auf den folgenden Seiten finden Sie Details zu verschiedenen Tools, die nützlich sind, um Ihre Cybersicherheit zu testen und zu verbessern sowie sich von Sicherheitsvorfällen zu erholen und zu verhindern, dass sie sich wiederholen.

Viren-Testdatei

Das European Institute for Computer Antivirus Research stellt eine Virentestdatei zur Verfügung, die Sie in verschiedenen Formaten herunterladen können.

Anti-Malware-Unternehmen nehmen die EICAR-Testdatei in ihre Virendefinitionen auf, sodass sie genauso erkannt wird wie ein schädlicher Virus.

Es ist ein gutes Tool, um zu überprüfen, ob Ihre Anti-Malware-Software oder Ihr Anti-Malware-Dienst funktioniert.

Anti-Malware

Kaspersky Labs ist ein multinationales Unternehmen für Cybersicherheitssoftware, das 1997 gegründet wurde.

Das Unternehmen produziert verschiedene Sicherheitssoftware und -lösungen für Verbraucher und Unternehmen.

Die Produkte von Kaspersky haben sich als die weltweit wirksamsten gegen Viren und Malware erwiesen.

Passwort-Checker

Ihr Passwort ist nicht sicher, wenn es mit Brute-Force gefunden oder in einer Datenbank mit kompromittierten Passwörtern gefunden werden kann.

Mit diesem Tool können Sie ein Passwort eingeben, um seine Stärke zu testen und zu überprüfen, ob es bei einem bekannten Datendiebstahl gestohlen wurde, indem Sie es in einer Datenbank mit durchgesickerten Passwörtern überprüfen.

Die Website behauptet, dass sie keine Passwörter speichert, die Sie zum Testen eingeben.

habe ich gepwned

Diese Website verfügt über eine Datenbank mit durchgesickerten E-Mail-Adressen, Passwörtern und Telefonnummern, die Sie überprüfen können.

Obwohl die Website vertrauenswürdig erscheint, sollten Sie Ihr tatsächliches Passwort für keine sensiblen öffentlichen Websites oder Anwendungen eingeben, insbesondere wenn Sie in einer Regierung, beim Militär oder in anderen hochsensiblen Funktion arbeiten.

Passwort-Manager

Bitwarden ist ein zuverlässiger Open-Source-Passwort-Manager, der als Windows-, MAC-, iPhone- und Android-App verfügbar ist.   Er ist auch als Browsererweiterung verfügbar.

Ihre Login- und Passwortdaten werden auf allen Ihren Geräten synchronisiert.

Sie können auch Ihren eigenen privaten BitWarden-Server für Ihr Unternehmen betreiben.

BitWarden bietet kostenlose und kostenpflichtige Produkte an, wobei die kostenpflichtigen Produkte mehr Sicherheitsfunktionen bieten.

Shodan

Diese Website verfügt über eine Datenbank von Geräten, die mit dem Internet verbunden sind und von jedem erreicht werden können.

Sie können nach Geräten wie Webcams, Drucker, industrielle Steuerungssysteme und sogar Glühbirnen suchen.

Manchmal erlauben Menschen Verbindungen zu ihren Geräten in ihren Netzwerken aus dem gesamten Internet, ohne es zu merken.

Sie können also diese Website verwenden, um zu überprüfen, ob Sie Geräte in Ihrer Organisation haben, die möglicherweise anfälliger sind, da sie über das Internet erreichbar sind.

Browser-
Sicherheitsüberprüfung

Auf dieser Website können Sie die Sicherheit Ihres Browsers testen. Dies ist besonders nützlich, wenn Sie eine alte Version von Windows oder einen alten Apple-Computer verwenden, der Browser-Updates nicht mehr unterstützt.

Aber auch moderne Browser haben Sicherheitsprobleme, so dass Sie von den Ergebnissen überrascht sein werden.

Browser-Datenschutz

Diese Browsererweiterung ist für verschiedene Browser wie Apples Safari, Google Chrome und Microsoft Edge verfügbar.

Sie bietet Schutz vor den meisten Trackern von Drittanbietern, während Sie im Internet suchen und surfen.

Browser-Schutz

Malwarebytes Browser Guard erkennt und blockiert unerwünschte und unsichere Inhalte und sorgt so für ein sichereres und schnelleres Surferlebnis.

Die Entwickler beanspruchen, die weltweit erste Browsererweiterung zu sein, die die Art von gefälschten Microsoft-Tech-Support-Betrügereien identifizieren und stoppen kann, die häufig verwendet werden, um ältere Menschen ihrer Ersparnisse zu berauben.

Website-Malware-Test

Diese Website wird von Forcepoint betrieben, ein Unternehmen, das früher unter dem Namen Websense bekannt war.

Die Website ermöglicht es Ihnen, eine verdächtige URL oder IP-Adresse zu kopieren und in die Website einzufügen, um sie auf bösartige Inhalte zu überprüfen.

Dieses Tool ist nützlich, wenn Ihnen jemand einen Link sendet, von dem Sie vermuten, dass er Malware enthält.

Die Website erkennt nicht alle Malware, verwenden Sie sie also in Verbindung mit anderen Tools zur Überprüfung von Websites.

Website-Filter-Lookup

In der Regel verfügen größere Unternehmen über Webfilterlösungen, um die Sicherheit zu verbessern.

Das Management entscheidet, welche Kategorien von Websites aufgerufen werden dürfen und welche nicht.

Auf dieser Website können Sie eine URL eingeben, um zu sehen, in welche Kategorie sie eingestuft ist.

Ransomware-Kennung

Auf dieser Website können Sie eine Beispieldatei oder eine Lösegeldforderung hochladen, wenn Sie Opfer eines Ransomware-Angriffs werden.

In der Regel können Sie bekannte Ransomware identifizieren, mit der Sie infiziert wurden, und herausfinden, ob es ein Tool gibt, mit dem Sie Ihre Dateien wiederherstellen können, ohne ein Lösegeld zu zahlen.

Referenzen

1. https://www.researchgate.net/publication/357835604_2007_CYBER_ATTACKS_IN_ESTONIA_A_CASE_STUDY
2. https://www.malwarebytes.com/stuxnet
3. https://www.kaspersky.com/resource-center/threats/darkhotel-malware-virus-threat-definition
4. https://www.bastille.net/research/vulnerabilities/mousejack/technical-details
5. https://cyware.com/news/keysniffer-how-an-attacker-can-sniff-your-data-from-250-feet-e42daabd
6. https://www.asiaone.com/digital/logitechs-wireless-dongles-remain-wildly-insecure-and-vulnerable-attacks
7. https://www.bitdefender.com/blog/hotforsecurity/how-your-network-could-be-hacked-through-a-philips-hue-smart-bulb/
8. https://shop.hak5.org/products/usb-rubber-ducky
9. https://www.csoonline.com/article/3647173/badusb-explained-how-rogue-usbs-threaten-your-organization.html
10. https://theinvisiblethings.blogspot.com/2009/10/evil-maid-goes-after-truecrypt.html
11. https://arstechnica.com/gadgets/2022/08/apple-quietly-revamps-malware-scanning-features-in-newer-macos-versions/
12. https://youtu.be/1DG3y3q8_9M
13. https://www.enisa.europa.eu/topics/nis-directive
14. https://www.ncsc.gov.uk/cyberessentials/overview